# ESTONIANO
## VOCABULÁRIO

I0150863

**PALAVRAS MAIS ÚTEIS**

# PORTUGUÊS
# ESTONIANO

Para alargar o seu léxico e apurar
as suas competências linguísticas

## 7000 palavras

# Vocabulário Português-Estoniano - 7000 palavras

Por Andrey Taranov

Os vocabulários da T&P Books destinam-se a ajudar a aprender, a memorizar, e a rever palavras estrangeiras. O dicionário é dividido em temas, cobrindo todas as principais esferas de atividades quotidianas, negócios, ciência, cultura, etc.

O processo de aprendizagem, utilizando os dicionários baseados em temáticas da T&P Books dá-lhe as seguintes vantagens:

- Informação de origem corretamente agrupada predetermina o sucesso em fases subsequentes da memorização de palavras
- Disponibilização de palavras derivadas da mesma raiz, o que permite a memorização de unidades de texto (em vez de palavras separadas)
- Pequenas unidades de palavras facilitam o processo de estabelecimento de vínculos associativos necessários para a consolidação do vocabulário
- O nível de conhecimento da língua pode ser estimado pelo número de palavras aprendidas

Copyright © 2019 T&P Books Publishing

Todos os direitos reservados. Nenhuma parte desta publicação pode ser reproduzida, total ou parcialmente, por quaisquer métodos ou processos, sejam eles eletrónicos, mecânicos, de fotocópia ou outros, sem a autorização escrita do editor. Esta publicação não pode ser divulgada, copiada ou distribuída em nenhum formato.

T&P Books Publishing
www.tpbooks.com

ISBN: 978-1-78400-906-9

Este livro também está disponível em formato E-book.
Por favor visite www.tpbooks.com ou as principais livrarias on-line.

# VOCABULÁRIO ESTONIANO
## palavras mais úteis

Os vocabulários da T&P Books destinam-se a ajudar a aprender, a memorizar, e a rever palavras estrangeiras. O vocabulário contém mais de 7000 palavras de uso comum organizadas tematicamente.

O vocabulário contém as palavras mais comummente usadas
Recomendado como adicional para qualquer curso de línguas
Satisfaz as necessidades dos iniciados e dos alunos avançados de línguas estrangeiras
Conveniente para o uso diário, sessões de revisão e atividades de auto-teste
Permite avaliar o seu vocabulário

### Características especias do vocabulário

* As palavras estão organizadas de acordo com o seu significado, e não por ordem alfabética
* As palavras são apresentadas em três colunas para facilitar os processos de revisão e auto-teste
* As palavras compostas são divididas em pequenos blocos para facilitar o processo de aprendizagem
* O vocabulário oferece uma transcrição simples e adequada de cada palavra estrangeira

### O vocabulário contém 198 tópicos incluindo:

Conceitos básicos, Números, Cores, Meses, Estações do ano, Unidades de medida, Roupas & Acessórios, Alimentos & Nutrição, Restaurante, Membros da Família, Parentes, Caráter, Sentimentos, Emoções, Doenças, Cidade, Passeios, Compras, Dinheiro, Casa, Lar, Escritório, Trabalho no Escritório, Importação & Exportação, Marketing, Pesquisa de Emprego, Desportos, Educação, Computador, Internet, Ferramentas, Natureza, Países, Nacionalidades e muito mais …

# TABELA DE CONTEÚDOS

# GUIA DE PRONUNCIAÇÃO

| Letra | Exemplo Estoniano | Alfabeto fonético T&P | Exemplo Português |
|---|---|---|---|

## Vogais

| Letra | Exemplo Estoniano | Alfabeto fonético T&P | Exemplo Português |
|---|---|---|---|
| a | vana | [ɑ] | chamar |
| aa | poutaa | [ɑ:] | rapaz |
| e | ema | [e] | metal |
| ee | Ameerika | [e:] | plateia |
| i | ilus | [i] | sinónimo |
| ii | viia | [i:] | cair |
| o | orav | [o] | lobo |
| oo | antiloop | [o:] | albatroz |
| u | surma | [u] | bonita |
| uu | arbuus | [u:] | blusa |
| õ | võõras | [ɔʊ] | chow-chow |
| ä | pärn | [æ] | semana |
| ö | köha | [ø] | orgulhoso |
| ü | üks | [y] | questionar |

## Consoantes

| Letra | Exemplo Estoniano | Alfabeto fonético T&P | Exemplo Português |
|---|---|---|---|
| b | tablett | [b] | barril |
| d | delfiin | [d] | dentista |
| f | faasan | [f] | safári |
| g | flamingo | [g] | gosto |
| h | haamer | [h] | [h] aspirada |
| j | harjumus | [j] | géiser |
| k | helikopter | [k] | kiwi |
| l | ingel | [l] | libra |
| m | magnet | [m] | magnólia |
| n | nöör | [n] | natureza |
| p | poolsaar | [p] | presente |
| r | ripse | [r] | riscar |
| s | sõprus | [s] | sanita |
| š | šotlane | [ʃ] | mês |
| t | tantsima | [t] | tulipa |
| v | pilves | [ʋ] | fava |
| z | zookauplus | [z] | sésamo |
| ž [1] | žonglöör | [ʒ] | voz |

# Comentários

[1] apenas em estrangeirismos

# ABREVIATURAS
## usadas no vocabulário

## Abreviaturas do Português

| | | |
|---|---|---|
| adj | - | adjetivo |
| adv | - | advérbio |
| anim. | - | animado |
| conj. | - | conjunção |
| desp. | - | desporto |
| etc. | - | etecetra |
| ex. | - | por exemplo |
| f | - | nome feminino |
| f pl | - | feminino plural |
| fem. | - | feminino |
| inanim. | - | inanimado |
| m | - | nome masculino |
| m pl | - | masculino plural |
| m, f | - | masculino, feminino |
| masc. | - | masculino |
| mat. | - | matemática |
| mil. | - | militar |
| pl | - | plural |
| prep. | - | preposição |
| pron. | - | pronome |
| sb. | - | sobre |
| sing. | - | singular |
| v aux | - | verbo auxiliar |
| vi | - | verbo intransitivo |
| vi, vt | - | verbo intransitivo, transitivo |
| vr | - | verbo reflexivo |
| vt | - | verbo transitivo |

# CONCEITOS BÁSICOS

## Conceitos básicos. Parte 1

### 1. Pronomes

| | | |
|---|---|---|
| eu | mina | [mina] |
| tu | sina | [sina] |
| ele | tema | [tema] |
| ela | tema | [tema] |
| ele, ela (neutro) | see | [se:] |
| nós | meie | [meje] |
| vocês | teie | [teje] |
| eles, elas | nemad | [nemat] |

### 2. Cumprimentos. Saudações. Despedidas

| | | |
|---|---|---|
| Olá! | Tere! | [tere!] |
| Bom dia! (formal) | Tere! | [tere!] |
| Bom dia! (de manhã) | Tere hommikust! | [tere hommikusʲt!] |
| Boa tarde! | Tere päevast! | [tere pæeʋasʲt!] |
| Boa noite! | Tere õhtust! | [tere ɜhtusʲt!] |
| cumprimentar (vt) | teretama | [teretama] |
| Olá! | Tervist! | [terʋisʲt!] |
| saudação (f) | tervitus | [terʋitus] |
| saudar (vt) | tervitama | [terʋitama] |
| Como vai? | Kuidas läheb? | [kuidas lʲæheb?] |
| O que há de novo? | Mis uudist? | [mis u:disʲt?] |
| Até à vista! | Nägemist! | [nægemisʲt!] |
| Até breve! | Kohtumiseni! | [kohtumiseni!] |
| Adeus! | Hüvasti! | [hʉʋasʲti!] |
| despedir-se (vr) | hüvasti jätma | [hʉʋasʲti jætma] |
| Até logo! | Hüva! | [hʉʋa!] |
| Obrigado! -a! | Aitäh! | [aitæh!] |
| Muito obrigado! -a! | Suur tänu! | [su:r tænu!] |
| De nada | Palun. | [palun] |
| Não tem de quê | Pole tänu väärt. | [pole tænu ʋæ:rt] |
| De nada | Pole tänu väärt. | [pole tænu ʋæ:rt] |
| Desculpa! | Vabanda! | [ʋabanda!] |
| Desculpe! | Vabandage! | [ʋabandage!] |
| desculpar (vt) | vabandama | [ʋabandama] |

| | | |
|---|---|---|
| desculpar-se (vr) | **vabandama** | [ʋabandama] |
| As minhas desculpas | **Minu kaastunne** | [minu ka:sʲtunne] |
| Desculpe! | **Andke andeks!** | [andke andeks!] |
| perdoar (vt) | **andeks andma** | [andeks andma] |
| Não faz mal | **Pole hullu!** | [pole hulʲu] |
| por favor | **palun** | [palun] |

| | | |
|---|---|---|
| Não se esqueça! | **Pidage meeles!** | [pidage me:les!] |
| Certamente! Claro! | **Muidugi!** | [mujdugi!] |
| Claro que não! | **Muidugi mitte!** | [mujdugi mitte!] |
| Está bem! De acordo! | **Ma olen nõus!** | [ma olen nʒus!] |
| Basta! | **Aitab küll!** | [aitab kʉlʲ!] |

## 3. Números cardinais. Parte 1

| | | |
|---|---|---|
| zero | **null** | [nulʲ] |
| um | **üks** | [ʉks] |
| dois | **kaks** | [kaks] |
| três | **kolm** | [kolʲm] |
| quatro | **neli** | [neli] |

| | | |
|---|---|---|
| cinco | **viis** | [ʋi:s] |
| seis | **kuus** | [ku:s] |
| sete | **seitse** | [sejtse] |
| oito | **kaheksa** | [kaheksa] |
| nove | **üheksa** | [ʉheksa] |

| | | |
|---|---|---|
| dez | **kümme** | [kʉmme] |
| onze | **üksteist** | [ʉksʲtejsʲt] |
| doze | **kaksteist** | [kaksʲtejsʲt] |
| treze | **kolmteist** | [kolʲmtejsʲt] |
| catorze | **neliteist** | [nelitejsʲt] |

| | | |
|---|---|---|
| quinze | **viisteist** | [ʋi:sʲtejsʲt] |
| dezasseis | **kuusteist** | [ku:sʲtejsʲt] |
| dezassete | **seitseteist** | [sejtsetejsʲt] |
| dezoito | **kaheksateist** | [kaheksatejsʲt] |
| dezanove | **üheksateist** | [ʉheksatejsʲt] |

| | | |
|---|---|---|
| vinte | **kakskümmend** | [kakskʉmment] |
| vinte e um | **kakskümmend üks** | [kakskʉmment ʉks] |
| vinte e dois | **kakskümmend kaks** | [kakskʉmment kaks] |
| vinte e três | **kakskümmend kolm** | [kakskʉmment kolʲm] |

| | | |
|---|---|---|
| trinta | **kolmkümmend** | [kolʲmkʉmment] |
| trinta e um | **kolmkümmend üks** | [kolʲmkʉmment ʉks] |
| trinta e dois | **kolmkümmend kaks** | [kolʲmkʉmment kaks] |
| trinta e três | **kolmkümmend kolm** | [kolʲmkʉmment kolʲm] |

| | | |
|---|---|---|
| quarenta | **nelikümmend** | [nelikʉmment] |
| quarenta e um | **nelikümmend üks** | [nelikʉmment ʉks] |
| quarenta e dois | **nelikümmend kaks** | [nelikʉmment kaks] |
| quarenta e três | **nelikümmend kolm** | [nelikʉmment kolʲm] |
| cinquenta | **viiskümmend** | [ʋi:skʉmment] |

| cinquenta e um | viiskümmend üks | [ʋiːskʉmment ʉks] |
| cinquenta e dois | viiskümmend kaks | [ʋiːskʉmment kaks] |
| cinquenta e três | viiskümmend kolm | [ʋiːskʉmment kolʲm] |

| sessenta | kuuskümmend | [kuːskʉmment] |
| sessenta e um | kuuskümmend üks | [kuːskʉmment ʉks] |
| sessenta e dois | kuuskümmend kaks | [kuːskʉmment kaks] |
| sessenta e três | kuuskümmend kolm | [kuːskʉmment kolʲm] |

| setenta | seitsekümmend | [sejtsekʉmment] |
| setenta e um | seitsekümmend üks | [sejtsekʉmment ʉks] |
| setenta e dois | seitsekümmend kaks | [sejtsekʉmment kaks] |
| setenta e três | seitsekümmend kolm | [sejtsekʉmment kolʲm] |

| oitenta | kaheksakümmend | [kaheksakʉmment] |
| oitenta e um | kaheksakümmend üks | [kaheksakʉmment ʉks] |
| oitenta e dois | kaheksakümmend kaks | [kaheksakʉmment kaks] |
| oitenta e três | kaheksakümmend kolm | [kaheksakʉmment kolʲm] |

| noventa | üheksakümmend | [ʉheksakʉmment] |
| noventa e um | üheksakümmend üks | [ʉheksakʉmment ʉks] |
| noventa e dois | üheksakümmend kaks | [ʉheksakʉmment kaks] |
| noventa e três | üheksakümmend kolm | [ʉheksakʉmment kolʲm] |

## 4. Números cardinais. Parte 2

| cem | sada | [sada] |
| duzentos | kakssada | [kakssada] |
| trezentos | kolmsada | [kolʲmsada] |
| quatrocentos | nelisada | [nelisada] |
| quinhentos | viissada | [ʋiːssada] |

| seiscentos | kuussada | [kuːssada] |
| setecentos | seitsesada | [sejtsesada] |
| oitocentos | kaheksasada | [kaheksasada] |
| novecentos | üheksasada | [ʉheksasada] |

| mil | tuhat | [tuhat] |
| dois mil | kaks tuhat | [kaks tuhat] |
| De quem são ...? | kolm tuhat | [kolʲm tuhat] |
| dez mil | kümme tuhat | [kʉmme tuhat] |
| cem mil | sada tuhat | [sada tuhat] |
| um milhão | miljon | [miljon] |
| mil milhões | miljard | [miljart] |

## 5. Números. Frações

| fração (f) | murd | [murt] |
| um meio | pool | [poːlʲ] |
| um terço | kolmandik | [kolʲmandik] |
| um quarto | neljandik | [neljandik] |
| um oitavo | kaheksandik | [kaheksandik] |

15

| um décimo | kümnendik | [kʉmnendik] |
| dois terços | kaks kolmandikku | [kaks kolʲmandikku] |
| três quartos | kolm neljandikku | [kolʲm neljandikku] |

## 6. Números. Operações básicas

| subtração (f) | lahutamine | [lahutamine] |
| subtrair (vi, vt) | lahutama | [lahutama] |
| divisão (f) | jagamine | [jagamine] |
| dividir (vt) | jagama | [jagama] |

| adição (f) | liitmine | [li:tmine] |
| somar (vt) | liitma | [li:tma] |
| adicionar (vt) | lisama | [lisama] |
| multiplicação (f) | korrutamine | [korrutamine] |
| multiplicar (vt) | korrutama | [korrutama] |

## 7. Números. Diversos

| algarismo, dígito (m) | number | [number] |
| número (m) | arv | [arʊ] |
| numeral (m) | arvsõna | [arʊsɜna] |
| menos (m) | miinus | [mi:nus] |

| mais (m) | pluss | [pluss] |
| fórmula (f) | valem | [ʊalem] |

| cálculo (m) | arvutamine | [arʊutamine] |
| contar (vt) | lugema | [lugema] |

| calcular (vt) | arvestama | [arʊesʲtama] |
| comparar (vt) | võrdlema | [ʊɜrtlema] |

| Quanto? | Kui palju? | [kui palju?] |
| Quantos? -as? | Mitu? | [mitu?] |

| soma (f) | summa | [summa] |
| resultado (m) | tulemus | [tulemus] |
| resto (m) | jääk | [jæ:k] |

| alguns, algumas ... | mõni | [mɜni] |
| um pouco de ... | natuke | [natuke] |
| resto (m) | ülejäänud | [ʉlejæ:nut] |

| um e meio | poolteist | [po:lʲtejsʲt] |
| dúzia (f) | tosin | [tosin] |

| ao meio | pooleks | [po:leks] |
| em partes iguais | võrdselt | [ʊɜrdselʲt] |

| metade (f) | pool | [po:lʲ] |
| vez (f) | üks kord | [ʉks kort] |

## 8. Os verbos mais importantes. Parte 1

| | | |
|---|---|---|
| abrir (vt) | lahti tegema | [lahti tegema] |
| acabar, terminar (vt) | lõpetama | [lɜpetama] |
| aconselhar (vt) | soovitama | [so:ʋitama] |
| adivinhar (vt) | ära arvama | [æra arʋama] |
| advertir (vt) | hoiatama | [hojatama] |

| | | |
|---|---|---|
| ajudar (vt) | aitama | [aitama] |
| almoçar (vi) | lõunat sööma | [lɜunat sø:ma] |
| alugar (~ um apartamento) | üürima | [ʉ:rima] |
| amar (vt) | armastama | [armasʲtama] |
| ameaçar (vt) | ähvardama | [æhʋardama] |

| | | |
|---|---|---|
| anotar (escrever) | üles kirjutama | [ʉles kirjutama] |
| apanhar (vt) | püüdma | [pʉ:dma] |
| apressar-se (vr) | kiirustama | [ki:rusʲtama] |
| arrepender-se (vr) | kahetsema | [kahetsema] |
| assinar (vt) | allkirjastama | [alʲkirjasʲtama] |

| | | |
|---|---|---|
| atirar, disparar (vi) | tulistama | [tulisʲtama] |
| brincar (vi) | nalja tegema | [nalja tegema] |
| brincar, jogar (crianças) | mängima | [mæŋgima] |
| buscar (vt) | otsima … | [otsima …] |
| caçar (vi) | jahil käima | [jahilʲ kæjma] |
| cair (vi) | kukkuma | [kukkuma] |
| cavar (vt) | kaevama | [kaeʋama] |
| cessar (vt) | katkestama | [katkesʲtama] |
| chamar (~ por socorro) | kutsuma | [kutsuma] |
| chegar (vi) | saabuma | [sa:buma] |
| chorar (vi) | nutma | [nutma] |

| | | |
|---|---|---|
| comparar (vt) | võrdlema | [ʋɜrtlema] |
| compreender (vt) | aru saama | [aru sa:ma] |
| concordar (vi) | nõustuma | [nɜusʲtuma] |
| confiar (vt) | usaldama | [usalʲdama] |

| | | |
|---|---|---|
| confundir (equivocar-se) | segi ajama | [segi ajama] |
| conhecer (vt) | tundma | [tundma] |
| contar (fazer contas) | lugema | [lugema] |
| contar com (esperar) | lootma … | [lo:tma …] |
| continuar (vt) | jätkama | [jætkama] |

| | | |
|---|---|---|
| controlar (vt) | kontrollima | [kontrolʲima] |
| convidar (vt) | kutsuma | [kutsuma] |
| correr (vi) | jooksma | [jo:ksma] |
| criar (vt) | looma | [lo:ma] |
| custar (vt) | maksma | [maksma] |

## 9. Os verbos mais importantes. Parte 2

| | | |
|---|---|---|
| dar (vt) | andma | [andma] |
| dar uma dica | vihjama | [ʋihjama] |

| decorar (enfeitar) | ehtima | [ehtima] |
| defender (vt) | kaitsma | [kaitsma] |
| deixar cair (vt) | pillama | [pilʲæma] |

| descer (para baixo) | laskuma | [laskuma] |
| desculpar (vt) | vabandama | [ʋabandama] |
| desculpar-se (vr) | vabandama | [ʋabandama] |
| dirigir (~ uma empresa) | juhtima | [juhtima] |
| discutir (notícias, etc.) | arutama | [arutama] |
| dizer (vt) | ütlema | [ɯtlema] |

| duvidar (vt) | kahtlema | [kahtlema] |
| encontrar (achar) | leidma | [lejdma] |
| enganar (vt) | petma | [petma] |
| entrar (na sala, etc.) | sisse tulema | [sisse tulema] |
| enviar (uma carta) | saatma | [saːtma] |

| errar (equivocar-se) | eksima | [eksima] |
| escolher (vt) | valima | [ʋalima] |
| esconder (vt) | peitma | [pejtma] |
| escrever (vt) | kirjutama | [kirjutama] |
| esperar (o autocarro, etc.) | ootama | [oːtama] |
| esperar (ter esperança) | lootma | [loːtma] |
| esquecer (vt) | unustama | [unusʲtama] |
| estudar (vt) | uurima | [uːrima] |
| exigir (vt) | nõudma | [nɜudma] |
| existir (vi) | olemas olema | [olemas olema] |

| explicar (vt) | seletama | [seletama] |
| falar (vi) | rääkima | [ræːkima] |
| faltar (clases, etc.) | puuduma | [puːduma] |
| fazer (vt) | tegema | [tegema] |
| ficar em silêncio | vaikima | [ʋaikima] |
| gabar-se, jactar-se (vr) | kiitlema | [kiːtlema] |

| gostar (apreciar) | meeldima | [meːlʲdima] |
| gritar (vi) | karjuma | [karjuma] |
| guardar (cartas, etc.) | säilitama | [sæjlitama] |
| informar (vt) | teavitama | [teaʋitama] |
| insistir (vi) | nõudma | [nɜudma] |

| insultar (vt) | solvama | [solʲʋama] |
| interessar-se (vr) | huvi tundma | [huʋi tundma] |
| ir (a pé) | minema | [minema] |
| ir nadar | suplema | [suplema] |
| jantar (vi) | õhtust sööma | [ɜhtusʲt søːma] |

## 10. Os verbos mais importantes. Parte 3

| ler (vt) | lugema | [lugema] |
| libertar (cidade, etc.) | vabastama | [ʋabasʲtama] |
| matar (vt) | tapma | [tapma] |
| mencionar (vt) | meelde tuletama | [meːlʲde tuletama] |
| mostrar (vt) | näitama | [næjtama] |

| mudar (modificar) | muutma | [mu:tma] |
| nadar (vi) | ujuma | [ujuma] |
| negar-se a ... | keelduma | [ke:lʲduma] |
| objetar (vt) | vastu vaidlema | [vasʲtu vaitlema] |

| observar (vt) | jälgima | [jælʲgima] |
| ordenar (mil.) | käskima | [kæskima] |
| ouvir (vt) | kuulma | [ku:lʲma] |
| pagar (vt) | maksma | [maksma] |
| parar (vi) | peatuma | [peatuma] |

| participar (vi) | osa võtma | [osa vɔtma] |
| pedir (comida) | tellima | [telʲima] |
| pedir (um favor, etc.) | paluma | [paluma] |
| pegar (tomar) | võtma | [vɔtma] |
| pensar (vt) | mõtlema | [mɜtlema] |

| perceber (ver) | märkama | [mærkama] |
| perdoar (vt) | andeks andma | [andeks andma] |
| perguntar (vt) | küsima | [kʉsima] |
| permitir (vt) | lubama | [lubama] |
| pertencer a ... | kuuluma | [ku:luma] |

| planear (vt) | planeerima | [plane:rima] |
| poder (vi) | võima | [vɜima] |
| possuir (vt) | valdama | [valʲdama] |
| preferir (vt) | eelistama | [e:lisʲtama] |
| preparar (vt) | süüa tegema | [sʉ:a tegema] |

| prever (vt) | ette nägema | [ette nægema] |
| prometer (vt) | lubama | [lubama] |
| pronunciar (vt) | hääldama | [hæ:lʲdama] |
| propor (vt) | pakkuma | [pakkuma] |
| punir (castigar) | karistama | [karisʲtama] |

## 11. Os verbos mais importantes. Parte 4

| quebrar (vt) | murdma | [murdma] |
| queixar-se (vr) | kaebama | [kaebama] |
| querer (desejar) | tahtma | [tahtma] |
| recomendar (vt) | soovitama | [so:vitama] |
| repetir (dizer outra vez) | kordama | [kordama] |

| repreender (vt) | sõimama | [sɜimama] |
| reservar (~ um quarto) | reserveerima | [reserve:rima] |
| responder (vt) | vastama | [vasʲtama] |
| rezar, orar (vi) | palvetama | [palʲvetama] |
| rir (vi) | naerma | [naerma] |

| roubar (vt) | varastama | [varasʲtama] |
| saber (vt) | teadma | [teadma] |
| sair (~ de casa) | välja tulema | [vælja tulema] |
| salvar (vt) | päästma | [pæ:sʲtma] |
| seguir ... | järgnema ... | [jærgnema ...] |

| | | |
|---|---|---|
| sentar-se (vr) | istuma | [isʲtuma] |
| ser necessário | tarvis olema | [tarʋis olema] |
| ser, estar | olema | [olema] |
| significar (vt) | tähendama | [tæhendama] |

| | | |
|---|---|---|
| sorrir (vi) | naeratama | [naeratama] |
| subestimar (vt) | alahindama | [alahindama] |
| surpreender-se (vr) | imestama | [imesʲtama] |
| tentar (vt) | proovima | [proːʋima] |

| | | |
|---|---|---|
| ter (vt) | omama | [omama] |
| ter fome | süüa tahtma | [sʉːa tahtma] |
| ter medo | kartma | [kartma] |
| ter sede | juua tahtma | [juːa tahtma] |

| | | |
|---|---|---|
| tocar (com as mãos) | puudutama | [puːdutama] |
| tomar o pequeno-almoço | hommikust sööma | [hommikusʲt søːma] |
| trabalhar (vi) | töötama | [tøːtama] |
| traduzir (vt) | tõlkima | [tɘlʲkima] |
| unir (vt) | ühendama | [ʉhendama] |

| | | |
|---|---|---|
| vender (vt) | müüma | [mʉːma] |
| ver (vt) | nägema | [nægema] |
| virar (ex. ~ à direita) | pöörama | [pøːrama] |
| voar (vi) | lendama | [lendama] |

## 12. Cores

| | | |
|---|---|---|
| cor (f) | värv | [ʋærʋ] |
| matiz (m) | varjund | [ʋarjunt] |
| tom (m) | toon | [toːn] |
| arco-íris (m) | vikerkaar | [ʋikerkaːr] |

| | | |
|---|---|---|
| branco | valge | [ʋalʲge] |
| preto | must | [musʲt] |
| cinzento | hall | [halʲ] |

| | | |
|---|---|---|
| verde | roheline | [roheline] |
| amarelo | kollane | [kolʲæne] |
| vermelho | punane | [punane] |

| | | |
|---|---|---|
| azul | sinine | [sinine] |
| azul claro | helesinine | [helesinine] |
| rosa | roosa | [roːsa] |
| laranja | oranž | [oranʒ] |
| violeta | violetne | [ʋioletne] |
| castanho | pruun | [pruːn] |

| | | |
|---|---|---|
| dourado | kuldne | [kulʲdne] |
| prateado | hõbedane | [hɜbedane] |

| | | |
|---|---|---|
| bege | beež | [beːʒ] |
| creme | kreemjas | [kreːmjas] |
| turquesa | türkiissinine | [tʉrkiːssinine] |

| vermelho cereja | kirsipunane | [kirsipunane] |
| lilás | lilla | [lilʲæ] |
| carmesim | vaarikpunane | [ʋa:rikpunane] |

| claro | hele | [hele] |
| escuro | tume | [tume] |
| vivo | erk | [erk] |

| de cor | värvipliiats | [ʋærʋipli:ats] |
| a cores | värvi- | [ʋærʋi-] |
| preto e branco | must-valge | [musʲt-ʋalʲge] |
| unicolor | ühevärviline | [ɰheʋærʋiline] |
| multicor | mitmevärviline | [mitmeʋærʋiline] |

## 13. Questões

| Quem? | Kes? | [kes?] |
| Que? | Mis? | [mis?] |
| Onde? | Kus? | [kus?] |
| Para onde? | Kuhu? | [kuhu?] |
| De onde? | Kust? | [kusʲt?] |
| Quando? | Millal? | [milʲæl?] |
| Para quê? | Milleks? | [milʲeks?] |
| Porquê? | Miks? | [miks?] |

| Para quê? | Mille jaoks? | [milʲe jaoks?] |
| Como? | Kuidas? | [kuidas?] |
| Qual? | Missugune? | [missugune?] |
| Qual? (entre dois ou mais) | Mis? | [mis?] |

| A quem? | Kellele? | [kelʲele?] |
| Sobre quem? | Kellest? | [kelʲesʲt?] |
| Do quê? | Millest? | [milʲesʲt?] |
| Com quem? | Kellega? | [kelʲega?] |

| Quantos? -as? | Mitu? | [mitu?] |
| Quanto? | Kui palju? | [kui palju?] |
| De quem? | Kelle? | [kelʲe?] |

## 14. Palavras funcionais. Advérbios. Parte 1

| Onde? | Kus? | [kus?] |
| aqui | siin | [si:n] |
| lá, ali | seal | [sealʲ] |

| em algum lugar | kuskil | [kuskilʲ] |
| em lugar nenhum | mitte kuskil | [mitte kuskilʲ] |

| ao pé de ... | juures | [ju:res] |
| ao pé da janela | akna juures | [akna ju:res] |
| Para onde? | Kuhu? | [kuhu?] |
| para cá | siia | [si:a] |

| para lá | sinna | [sinna] |
|---|---|---|
| daqui | siit | [si:t] |
| de lá, dali | sealt | [sealʲt] |

| perto | lähedal | [lʲæhedalʲ] |
|---|---|---|
| longe | kaugel | [kaugelʲ] |

| perto de … | kõrval | [kɜrʋalʲ] |
|---|---|---|
| ao lado de | lähedal | [lʲæhedalʲ] |
| perto, não fica longe | lähedale | [lʲæhedale] |

| esquerdo | vasak | [ʋasak] |
|---|---|---|
| à esquerda | vasakul | [ʋasakulʲ] |
| para esquerda | vasakule | [ʋasakule] |

| direito | parem | [parem] |
|---|---|---|
| à direita | paremal | [paremalʲ] |
| para direita | paremale | [paremale] |

| à frente | eest | [e:sʲt] |
|---|---|---|
| da frente | eesmine | [e:smine] |
| em frente (para a frente) | edasi | [edasi] |

| atrás de … | taga | [taga] |
|---|---|---|
| por detrás (vir ~) | tagant | [tagant] |
| para trás | tagasi | [tagasi] |

| meio (m), metade (f) | keskkoht | [keskkoht] |
|---|---|---|
| no meio | keskel | [keskelʲ] |

| de lado | kõrvalt | [kɜrʋalʲt] |
|---|---|---|
| em todo lugar | igal pool | [igalʲ po:lʲ] |
| ao redor (olhar ~) | ümberringi | [ʉmberringi] |

| de dentro | seest | [se:sʲt] |
|---|---|---|
| para algum lugar | kuhugi | [kuhugi] |
| diretamente | otse | [otse] |
| de volta | tagasi | [tagasi] |

| de algum lugar | kuskilt | [kuskilʲt] |
|---|---|---|
| de um lugar | kuskilt | [kuskilʲt] |

| em primeiro lugar | esiteks | [esiteks] |
|---|---|---|
| em segundo lugar | teiseks | [tejseks] |
| em terceiro lugar | kolmandaks | [kolʲmandaks] |

| de repente | äkki | [ækki] |
|---|---|---|
| no início | alguses | [alʲguses] |
| pela primeira vez | esimest korda | [esimesʲt korda] |
| muito antes de … | enne … | [enne …] |
| de novo, novamente | uuesti | [u:esʲti] |
| para sempre | päriseks | [pæriseks] |

| nunca | mitte kunagi | [mitte kunagi] |
|---|---|---|
| de novo | jälle | [jælʲe] |
| agora | nüüd | [nʉ:t] |

| | | |
|---|---|---|
| frequentemente | sageli | [sageli] |
| então | siis | [si:s] |
| urgentemente | kiiresti | [ki:resʲti] |
| usualmente | tavaliselt | [taʋaliselʲt] |

| | | |
|---|---|---|
| a propósito, ... | muuseas, ... | [mu:seas, ...] |
| é possível | võimalik | [ʋɔimalik] |
| provavelmente | tõenäoliselt | [tɜenæoliselʲt] |
| talvez | võib olla | [ʋɔib olʲæ] |
| além disso, ... | peale selle ... | [peale selʲe ...] |
| por isso ... | sellepärast | [selʲepærasʲt] |
| apesar de ... | ... vaatamata | [... ʋa:tamata] |
| graças a ... | tänu ... | [tænu ...] |

| | | |
|---|---|---|
| que (pron.) | mis | [mis] |
| que (conj.) | et | [et] |
| algo | miski | [miski] |
| alguma coisa | miski | [miski] |
| nada | mitte midagi | [mitte midagi] |

| | | |
|---|---|---|
| quem | kes | [kes] |
| alguém (~ teve uma ideia ...) | keegi | [ke:gi] |
| alguém | keegi | [ke:gi] |

| | | |
|---|---|---|
| ninguém | mitte keegi | [mitte ke:gi] |
| para lugar nenhum | mitte kuhugi | [mitte kuhugi] |
| de ninguém | ei kellegi oma | [ej kelʲegi oma] |
| de alguém | kellegi oma | [kelʲegi oma] |

| | | |
|---|---|---|
| tão | nii | [ni:] |
| também (gostaria ~ de ...) | samuti | [samuti] |
| também (~ eu) | ka | [ka] |

## 15. Palavras funcionais. Advérbios. Parte 2

| | | |
|---|---|---|
| Porquê? | Miks? | [miks?] |
| por alguma razão | millegi pärast | [milʲegi pærasʲt] |
| porque ... | sest ... | [sesʲt ...] |
| por qualquer razão | millekski | [milʲekski] |

| | | |
|---|---|---|
| e (tu ~ eu) | ja | [ja] |
| ou (ser ~ não ser) | või | [ʋɔi] |
| mas (porém) | kuid | [kuit] |
| para (~ a minha mãe) | jaoks | [jaoks] |

| | | |
|---|---|---|
| demasiado, muito | liiga | [li:ga] |
| só, somente | ainult | [ainulʲt] |
| exatamente | täpselt | [tæpselʲt] |
| cerca de (~ 10 kg) | umbes | [umbes] |

| | | |
|---|---|---|
| aproximadamente | ligikaudu | [ligikaudu] |
| aproximado | ligikaudne | [ligikaudne] |
| quase | peaaegu | [pea:egu] |
| resto (m) | ülejäänud | [ɥlejæ:nut] |

23

| o outro (segundo) | teine | [tejne] |
|---|---|---|
| outro | teiste | [tejsʲte] |
| cada | iga | [iga] |
| qualquer | mis tahes | [mis tahes] |
| muito | palju | [palju] |
| muitas pessoas | paljud | [paljut] |
| todos | kõik | [kɜik] |

| em troca de ... | ... vastu | [... ʋasʲtu] |
|---|---|---|
| em troca | asemele | [asemele] |
| à mão | käsitsi | [kæsitsi] |
| pouco provável | vaevalt | [ʋaeʋalʲt] |

| provavelmente | vist | [ʋisʲt] |
|---|---|---|
| de propósito | meelega | [meːlega] |
| por acidente | juhuslikult | [juhuslikulʲt] |

| muito | väga | [ʋæga] |
|---|---|---|
| por exemplo | näiteks | [næjteks] |
| entre | vahel | [ʋahelʲ] |
| entre (no meio de) | keskel | [keskelʲ] |
| tanto | niipalju | [niːpalju] |
| especialmente | eriti | [eriti] |

# Conceitos básicos. Parte 2

## 16. Opostos

| | | |
|---|---|---|
| rico | **rikas** | [rikas] |
| pobre | **vaene** | [ʋaene] |
| doente | **haige** | [haige] |
| são | **terve** | [terʋe] |
| grande | **suur** | [suːr] |
| pequeno | **väike** | [ʋæjke] |
| rapidamente | **kiiresti** | [kiːresʲti] |
| lentamente | **aeglaselt** | [aeglaselʲt] |
| rápido | **kiire** | [kiːre] |
| lento | **aeglane** | [aeglane] |
| alegre | **lõbus** | [lɜbus] |
| triste | **kurb** | [kurb] |
| juntos | **koos** | [koːs] |
| separadamente | **eraldi** | [eralʲdi] |
| em voz alta (ler ~) | **valjusti** | [ʋaljusʲti] |
| para si (em silêncio) | **omaette** | [omaette] |
| alto | **kõrge** | [kɜrge] |
| baixo | **madal** | [madalʲ] |
| profundo | **sügav** | [sʉgaʋ] |
| pouco fundo | **madal** | [madalʲ] |
| sim | **jaa** | [jaː] |
| não | **ei** | [ej] |
| distante (no espaço) | **kauge** | [kauge] |
| próximo | **lähedane** | [lʲæhedane] |
| longe | **kaugel** | [kaugelʲ] |
| perto | **lähedal** | [lʲæhedalʲ] |
| longo | **pikk** | [pikk] |
| curto | **lühike** | [lʉhike] |
| bom, bondoso | **hea** | [hea] |
| mau | **kuri** | [kuri] |
| casado | **abielus** | [abielus] |

| solteiro | vallaline | [ʋalʲæline] |
|---|---|---|
| proibir (vt) | keelama | [keːlama] |
| permitir (vt) | lubama | [lubama] |
| fim (m) | lõpp | [lɜpp] |
| começo (m) | algus | [alʲgus] |
| esquerdo | vasak | [ʋasak] |
| direito | parem | [parem] |
| primeiro | esimene | [esimene] |
| último | viimane | [ʋiːmane] |
| crime (m) | kuritegu | [kuritegu] |
| castigo (m) | karistus | [karisʲtus] |
| ordenar (vt) | käskima | [kæskima] |
| obedecer (vt) | alluma | [alʲuma] |
| reto | sirge | [sirge] |
| curvo | kõver | [kɜʋer] |
| paraíso (m) | paradiis | [paradiːs] |
| inferno (m) | põrgu | [pɜrgu] |
| nascer (vi) | sündima | [sʉndima] |
| morrer (vi) | surema | [surema] |
| forte | tugev | [tugeʋ] |
| fraco, débil | nõrk | [nɜrk] |
| idoso | vana | [ʋana] |
| jovem | noor | [noːr] |
| velho | vana | [ʋana] |
| novo | uus | [uːs] |
| duro | kõva | [kɜʋa] |
| mole | pehme | [pehme] |
| tépido | soe | [soe] |
| frio | külm | [kʉlʲm] |
| gordo | paks | [paks] |
| magro | kõhn | [kɜhn] |
| estreito | kitsas | [kitsas] |
| largo | lai | [lai] |
| bom | hea | [hea] |
| mau | halb | [halʲb] |
| valente | vapper | [ʋapper] |
| cobarde | arg | [arg] |

## 17. Dias da semana

| | | |
|---|---|---|
| segunda-feira (f) | esmaspäev | [esmaspæəʊ] |
| terça-feira (f) | teisipäev | [tejsipæəʊ] |
| quarta-feira (f) | kolmapäev | [kolʲmapæəʊ] |
| quinta-feira (f) | neljapäev | [neljapæəʊ] |
| sexta-feira (f) | reede | [re:de] |
| sábado (m) | laupäev | [laupæəʊ] |
| domingo (m) | pühapäev | [pʉhapæəʊ] |

| | | |
|---|---|---|
| hoje | täna | [tæna] |
| amanhã | homme | [homme] |
| depois de amanhã | ülehomme | [ʉlehomme] |
| ontem | eile | [ejle] |
| anteontem | üleeile | [ʉle:jle] |

| | | |
|---|---|---|
| dia (m) | päev | [pæəʊ] |
| dia (m) de trabalho | tööpäev | [tø:pæəʊ] |
| feriado (m) | pidupäev | [pidupæəʊ] |
| dia (m) de folga | puhkepäev | [puhkepæəʊ] |
| fim (m) de semana | nädalavahetus | [nædalaʊahetus] |

| | | |
|---|---|---|
| o dia todo | terve päev | [terʊe pæəʊ] |
| no dia seguinte | järgmiseks päevaks | [jærgmiseks pæəʊaks] |
| há dois dias | kaks päeva tagasi | [kaks pæəʊa tagasi] |
| na véspera | eile õhtul | [ejle ɜhtulʲ] |
| diário | igapäevane | [igapæəʊane] |
| todos os dias | iga päev | [iga pæəʊ] |

| | | |
|---|---|---|
| semana (f) | nädal | [nædalʲ] |
| na semana passada | möödunud nädalal | [mø:dunut nædalalʲ] |
| na próxima semana | järgmisel nädalal | [jærgmiselʲ nædalalʲ] |
| semanal | iganädalane | [iganædalane] |
| cada semana | igal nädalal | [igalʲ nædalalʲ] |
| duas vezes por semana | kaks korda nädalas | [kaks korda nædalas] |
| cada terça-feira | igal teisipäeval | [igalʲ tejsipæəʊalʲ] |

## 18. Horas. Dia e noite

| | | |
|---|---|---|
| manhã (f) | hommik | [hommik] |
| de manhã | hommikul | [hommikulʲ] |
| meio-dia (m) | keskpäev | [keskpæəʊ] |
| à tarde | pärast lõunat | [pærasʲt lɜunat] |

| | | |
|---|---|---|
| noite (f) | õhtu | [ɜhtu] |
| à noite (noitinha) | õhtul | [ɜhtulʲ] |
| noite (f) | öö | [ø:] |
| à noite | öösel | [ø:selʲ] |
| meia-noite (f) | kesköö | [keskø:] |

| | | |
|---|---|---|
| segundo (m) | sekund | [sekunt] |
| minuto (m) | minut | [minut] |
| hora (f) | tund | [tunt] |

| meia hora (f) | pool tundi | [po:lʲ tundi] |
| quarto (m) de hora | veerand tundi | [ʋe:rant tundi] |
| quinze minutos | viisteist minutit | [ʋi:sʲtejsʲt minutit] |
| vinte e quatro horas | ööpäev | [ø:pæəʋ] |

| nascer (m) do sol | päikesetõus | [pæjkesetɜus] |
| amanhecer (m) | koit | [kojt] |
| madrugada (f) | varahommik | [ʋarahommik] |
| pôr do sol (m) | loojang | [lo:jang] |

| de madrugada | hommikul vara | [hommikulʲ ʋara] |
| hoje de manhã | täna hommikul | [tæna hommikulʲ] |
| amanhã de manhã | homme hommikul | [homme hommikulʲ] |

| hoje à tarde | täna päeval | [tæna pæəʋalʲ] |
| à tarde | pärast lõunat | [pærasʲt lɜunat] |
| amanhã à tarde | homme pärast lõunat | [homme pærasʲt lɜunat] |

| hoje à noite | täna õhtul | [tæna ɜhtulʲ] |
| amanhã à noite | homme õhtul | [homme ɜhtulʲ] |

| às três horas em ponto | täpselt kell kolm | [tæpselʲt kelʲ kolʲm] |
| por volta das quatro | umbes kell neli | [umbes kelʲ neli] |
| às doze | kella kaheteistkümneks | [kelʲæ kahetejsʲtkʉmneks] |

| dentro de vinte minutos | kahekümne minuti pärast | [kahekʉmne minuti pærasʲt] |
| dentro duma hora | tunni aja pärast | [tunni aja pærasʲt] |
| a tempo | õigeks ajaks | [ɜigeks ajaks] |

| menos um quarto | kolmveerand | [kolʲmʋe:rant] |
| durante uma hora | tunni aja jooksul | [tunni aja jo:ksulʲ] |
| a cada quinze minutos | iga viieteist minuti tagant | [iga ʋi:etejsʲt minuti tagant] |
| as vinte e quatro horas | terve ööpäev | [terʋe ø:pæəʋ] |

## 19. Meses. Estações

| janeiro (m) | jaanuar | [ja:nuar] |
| fevereiro (m) | veebruar | [ʋe:bruar] |
| março (m) | märts | [mærts] |
| abril (m) | aprill | [aprilʲ] |
| maio (m) | mai | [mai] |
| junho (m) | juuni | [ju:ni] |

| julho (m) | juuli | [ju:li] |
| agosto (m) | august | [augusʲt] |
| setembro (m) | september | [september] |
| outubro (m) | oktoober | [okto:ber] |
| novembro (m) | november | [noʋember] |
| dezembro (m) | detsember | [detsember] |

| primavera (f) | kevad | [keʋat] |
| na primavera | kevadel | [keʋadelʲ] |
| primaveril | kevadine | [keʋadine] |
| verão (m) | suvi | [suʋi] |

| no verão | suvel | [suvelʲ] |
| de verão | suvine | [suvine] |

| outono (m) | sügis | [sɤgis] |
| no outono | sügisel | [sɤgiselʲ] |
| outonal | sügisene | [sɤgisene] |

| inverno (m) | talv | [talʲʋ] |
| no inverno | talvel | [talʲʋelʲ] |
| de inverno | talvine | [talʲʋine] |
| mês (m) | kuu | [ku:] |
| este mês | selles kuus | [selʲes ku:s] |
| no próximo mês | järgmises kuus | [jærgmises ku:s] |
| no mês passado | möödunud kuus | [mø:dunut ku:s] |

| há um mês | kuu aega tagasi | [ku: aega tagasi] |
| dentro de um mês | kuu aja pärast | [ku: aja pærasʲt] |
| dentro de dois meses | kahe kuu pärast | [kahe ku: pærasʲt] |
| todo o mês | terve kuu | [terʋe ku:] |
| um mês inteiro | terve kuu | [terʋe ku:] |

| mensal | igakuine | [igakuine] |
| mensalmente | igas kuus | [igas ku:s] |
| cada mês | iga kuu | [iga ku:] |
| duas vezes por mês | kaks korda kuus | [kaks korda ku:s] |

| ano (m) | aasta | [a:sʲta] |
| este ano | sel aastal | [selʲ a:sʲtalʲ] |
| no próximo ano | järgmisel aastal | [jærgmiselʲ a:sʲtalʲ] |
| no ano passado | möödunud aastal | [mø:dunut a:sʲtalʲ] |
| há um ano | aasta tagasi | [a:sʲta tagasi] |
| dentro dum ano | aasta pärast | [a:sʲta pærasʲt] |
| dentro de 2 anos | kahe aasta pärast | [kahe a:sʲta pærasʲt] |
| todo o ano | kogu aasta | [kogu a:sʲta] |
| um ano inteiro | terve aasta | [terʋe a:sʲta] |

| cada ano | igal aastal | [igalʲ a:sʲtalʲ] |
| anual | iga-aastane | [iga-a:sʲtane] |
| anualmente | igal aastal | [igalʲ a:sʲtalʲ] |
| quatro vezes por ano | neli korda aastas | [neli korda a:sʲtas] |

| data (~ de hoje) | kuupäev | [ku:pææʋ] |
| data (ex. ~ de nascimento) | kuupäev | [ku:pææʋ] |
| calendário (m) | kalender | [kalender] |

| meio ano | pool aastat | [po:lʲ a:sʲtat] |
| seis meses | poolaasta | [po:la:sʲta] |
| estação (f) | hooaeg | [ho:aeg] |
| século (m) | sajand | [sajant] |

## 20. Tempo. Diversos

| tempo (m) | aeg | [aeg] |
| momento (m) | hetk | [hetk] |

29

| instante (m) | silmapilk | [sil'mapil'k] |
| instantâneo | silmapilkselt | [sil'mapil'ksel't] |
| lapso (m) de tempo | ajavahemik | [ajaʋahemik] |
| vida (f) | elu | [elu] |
| eternidade (f) | igavik | [igaʋik] |

| época (f) | ajastu | [ajas'tu] |
| era (f) | ajajärk | [ajajærk] |
| ciclo (m) | tsükkel | [tsʉkkel'] |
| período (m) | periood | [perio:t] |
| prazo (m) | tähtaeg | [tæhtaeg] |

| futuro (m) | tulevik | [tuleʋik] |
| futuro | tulevane | [tuleʋane] |
| da próxima vez | järgmine kord | [jærgmine kort] |
| passado (m) | minevik | [mineʋik] |
| passado | möödunud | [mø:dunut] |
| na vez passada | eelmine kord | [e:l'mine kort] |
| mais tarde | hiljem | [hiljem] |
| depois | pärast | [pæras't] |
| atualmente | praegu | [praegu] |
| agora | nüüd | [nʉ:t] |
| imediatamente | kohe | [kohe] |
| em breve, brevemente | varsti | [ʋars'ti] |
| de antemão | varakult | [ʋarakul't] |

| há muito tempo | ammu | [ammu] |
| há pouco tempo | hiljuti | [hiljuti] |
| destino (m) | saatus | [sa:tus] |
| recordações (f pl) | mälestused | [mæles'tuset] |
| arquivo (m) | arhiiv | [arhi:ʋ] |
| durante ... | ... ajal | [... ajal'] |
| durante muito tempo | kaua | [kaua] |
| pouco tempo | lühikest aega | [lʉhikes't aega] |
| cedo (levantar-se ~) | vara | [ʋara] |
| tarde (deitar-se ~) | hilja | [hilja] |

| para sempre | alatiseks | [alatiseks] |
| começar (vt) | alustama | [alus'tama] |
| adiar (vt) | edasi lükkama | [edasi lʉkkama] |

| simultaneamente | üheaegselt | [ʉheaegsel't] |
| permanentemente | pidevalt | [pideʋal't] |
| constante (ruído, etc.) | pidev | [pideʋ] |
| temporário | ajutine | [ajutine] |

| às vezes | mõnikord | [mɜnikort] |
| raramente | harva | [harʋa] |
| frequentemente | sageli | [sageli] |

## 21. Linhas e formas

| quadrado (m) | ruut | [ru:t] |
| quadrado | kandiline | [kandiline] |

| | | |
|---|---|---|
| círculo (m) | ring | [ring] |
| redondo | ümmargune | [ummargune] |
| triângulo (m) | kolmnurk | [kolʲmnurk] |
| triangular | kolmnurkne | [kolʲmnurkne] |

| | | |
|---|---|---|
| oval (f) | ovaal | [oʋa:lʲ] |
| oval | ovaalne | [oʋa:lʲne] |
| retângulo (m) | ristkülik | [risʲtkʉlik] |
| retangular | ristkülikuline | [risʲtkʉlikuline] |

| | | |
|---|---|---|
| pirâmide (f) | püramiid | [pʉrami:t] |
| rombo, losango (m) | romb | [romb] |
| trapézio (m) | trapets | [trapets] |
| cubo (m) | kuup | [ku:p] |
| prisma (m) | prisma | [prisma] |

| | | |
|---|---|---|
| circunferência (f) | ringjoon | [ringjo:n] |
| esfera (f) | sfäär | [sfæ:r] |
| globo (m) | kera | [kera] |
| diâmetro (m) | diameeter | [diame:ter] |
| raio (m) | raadius | [ra:dius] |
| perímetro (m) | ümbermõõt | [umbermɜ:t] |
| centro (m) | keskpunkt | [keskpunkt] |

| | | |
|---|---|---|
| horizontal | horisontaalne | [horisonta:lʲne] |
| vertical | vertikaalne | [ʋertika:lʲne] |
| paralela (f) | paralleel | [paralʲe:lʲ] |
| paralelo | paralleelne | [paralʲe:lʲne] |

| | | |
|---|---|---|
| linha (f) | joon | [jo:n] |
| traço (m) | joon | [jo:n] |
| reta (f) | sirgjoon | [sirgjo:n] |
| curva (f) | kõver | [kɜʋer] |
| fino (linha ~a) | peenike | [pe:nike] |
| contorno (m) | kontuur | [kontu:r] |

| | | |
|---|---|---|
| interseção (f) | läbilõige | [lʲæbilɜige] |
| ângulo (m) reto | täisnurk | [tæjsnurk] |
| segmento (m) | segment | [segment] |
| setor (m) | sektor | [sektor] |
| lado (de um triângulo, etc.) | külg | [kʉlʲg] |
| ângulo (m) | nurk | [nurk] |

## 22. Unidades de medida

| | | |
|---|---|---|
| peso (m) | kaal | [ka:lʲ] |
| comprimento (m) | pikkus | [pikkus] |
| largura (f) | laius | [laius] |
| altura (f) | kõrgus | [kɜrgus] |
| profundidade (f) | sügavus | [sʉgaʋus] |
| volume (m) | maht | [maht] |
| área (f) | pindala | [pindala] |
| grama (m) | gramm | [gramm] |
| miligrama (m) | milligramm | [milʲigramm] |

| | | |
|---|---|---|
| quilograma (m) | kilogramm | [kilogramm] |
| tonelada (f) | tonn | [tonn] |
| libra (453,6 gramas) | nael | [naelʲ] |
| onça (f) | unts | [unts] |

| | | |
|---|---|---|
| metro (m) | meeter | [me:ter] |
| milímetro (m) | millimeeter | [milʲime:ter] |
| centímetro (m) | sentimeeter | [sentime:ter] |
| quilómetro (m) | kilomeeter | [kilome:ter] |
| milha (f) | miil | [mi:lʲ] |

| | | |
|---|---|---|
| polegada (f) | toll | [tolʲ] |
| pé (304,74 mm) | jalg | [jalʲg] |
| jarda (914,383 mm) | jard | [jart] |

| | | |
|---|---|---|
| metro (m) quadrado | ruutmeeter | [ru:tme:ter] |
| hectare (m) | hektar | [hektar] |

| | | |
|---|---|---|
| litro (m) | liiter | [li:ter] |
| grau (m) | kraad | [kra:t] |
| volt (m) | volt | [uolʲt] |
| ampere (m) | amper | [amper] |
| cavalo-vapor (m) | hobujõud | [hobujʒut] |

| | | |
|---|---|---|
| quantidade (f) | hulk | [hulʲk] |
| um pouco de … | veidi … | [uejdi …] |
| metade (f) | pool | [po:lʲ] |
| dúzia (f) | tosin | [tosin] |
| peça (f) | tükk | [tʉkk] |

| | | |
|---|---|---|
| dimensão (f) | suurus | [su:rus] |
| escala (f) | mastaap | [masʲta:p] |

| | | |
|---|---|---|
| mínimo | minimaalne | [minima:lʲne] |
| menor, mais pequeno | kõige väiksem | [kʒige uæjksem] |
| médio | keskmine | [keskmine] |
| máximo | maksimaalne | [maksima:lʲne] |
| maior, mais grande | kõige suurem | [kʒige su:rem] |

## 23. Recipientes

| | | |
|---|---|---|
| boião (m) de vidro | klaaspurk | [kla:spurk] |
| lata (~ de cerveja) | plekkpurk | [plekkpurk] |
| balde (m) | ämber | [æmber] |
| barril (m) | tünn | [tʉnn] |

| | | |
|---|---|---|
| bacia (~ de plástico) | pesukauss | [pesukauss] |
| tanque (m) | paak | [pa:k] |
| cantil (m) de bolso | plasku | [plasku] |
| bidão (m) de gasolina | kanister | [kanisʲter] |
| cisterna (f) | tsistern | [tsisʲtern] |

| | | |
|---|---|---|
| caneca (f) | kruus | [kru:s] |
| chávena (f) | tass | [tass] |

| | | |
|---|---|---|
| pires (m) | **alustass** | [alusⁱtass] |
| copo (m) | **klaas** | [kla:s] |
| taça (f) de vinho | **veiniklaas** | [ʋejnikla:s] |
| panela, caçarola (f) | **pott** | [pott] |

| | | |
|---|---|---|
| garrafa (f) | **pudel** | [pudelʲ] |
| gargalo (m) | **pudelikael** | [pudelikaelʲ] |

| | | |
|---|---|---|
| jarro, garrafa (f) | **karahvin** | [karahʋin] |
| jarro (m) de barro | **kann** | [kann] |
| recipiente (m) | **nõu** | [nɜu] |
| pote (m) | **pott** | [pott] |
| vaso (m) | **vaas** | [ʋa:s] |

| | | |
|---|---|---|
| frasco (~ de perfume) | **pudel** | [pudelʲ] |
| frasquinho (ex. ~ de iodo) | **rohupudel** | [rohupudelʲ] |
| tubo (~ de pasta dentífrica) | **tuub** | [tu:b] |

| | | |
|---|---|---|
| saca (ex. ~ de açúcar) | **kott** | [kott] |
| saco (~ de plástico) | **kilekott** | [kilekott] |
| maço (m) | **pakk** | [pakk] |

| | | |
|---|---|---|
| caixa (~ de sapatos, etc.) | **karp** | [karp] |
| caixa (~ de madeira) | **kast** | [kasⁱt] |
| cesta (f) | **korv** | [korʋ] |

## 24. Materiais

| | | |
|---|---|---|
| material (m) | **materjal** | [materjalʲ] |
| madeira (f) | **puu** | [pu:] |
| de madeira | **puust** | [pu:sⁱt] |

| | | |
|---|---|---|
| vidro (m) | **klaas** | [kla:s] |
| de vidro | **klaas-** | [kla:s-] |

| | | |
|---|---|---|
| pedra (f) | **kivi** | [kiʋi] |
| de pedra | **kivist** | [kiʋisⁱt] |

| | | |
|---|---|---|
| plástico (m) | **plastik** | [plasⁱtik] |
| de plástico | **plastik-** | [plasⁱtik-] |

| | | |
|---|---|---|
| borracha (f) | **kumm** | [kumm] |
| de borracha | **kummi-** | [kummi-] |

| | | |
|---|---|---|
| tecido, pano (m) | **kangas** | [kangas] |
| de tecido | **riidest** | [ri:desⁱt] |

| | | |
|---|---|---|
| papel (m) | **paber** | [paber] |
| de papel | **paber-** | [paber-] |

| | | |
|---|---|---|
| cartão (m) | **papp** | [papp] |
| de cartão | **papp-** | [papp-] |
| polietileno (m) | **polüetüleen** | [polʉetʉle:n] |
| celofane (m) | **tsellofaan** | [tsellʲofa:n] |

33

| contraplacado (m) | vineer | [ʋineːr] |
|---|---|---|
| porcelana (f) | portselan | [portselan] |
| de porcelana | portselan- | [portselan-] |
| barro (f) | savi | [saʋi] |
| de barro | savi- | [saʋi-] |
| cerâmica (f) | keraamika | [keraːmika] |
| de cerâmica | keraamiline | [keraːmiline] |

## 25. Metais

| metal (m) | metall | [metalʲ] |
|---|---|---|
| metálico | metall- | [metalʲ-] |
| liga (f) | sulam | [sulam] |

| ouro (m) | kuld | [kulʲt] |
|---|---|---|
| de ouro | kuldne | [kulʲdne] |
| prata (f) | hõbe | [hɜbe] |
| de prata | hõbedane | [hɜbedane] |

| ferro (m) | raud | [raut] |
|---|---|---|
| de ferro | raudne | [raudne] |
| aço (m) | teras | [teras] |
| de aço | teras- | [teras-] |
| cobre (m) | vask | [ʋask] |
| de cobre | vaskne | [ʋaskne] |

| alumínio (m) | alumiinium | [alumiːnium] |
|---|---|---|
| de alumínio | alumiinium- | [alumiːnium-] |
| bronze (m) | pronks | [pronks] |
| de bronze | pronks- | [pronks-] |

| latão (m) | valgevask | [ʋalʲgeʋask] |
|---|---|---|
| níquel (m) | nikkel | [nikkelʲ] |
| platina (f) | plaatina | [plaːtina] |
| mercúrio (m) | elavhõbe | [elaʋhɜbe] |
| estanho (m) | tina | [tina] |
| chumbo (m) | seatina | [seatina] |
| zinco (m) | tsink | [tsink] |

# O SER HUMANO

## O ser humano. O corpo

### 26. Humanos. Conceitos básicos

| | | |
|---|---|---|
| ser (m) humano | inimene | [inimene] |
| homem (m) | mees | [me:s] |
| mulher (f) | naine | [naine] |
| criança (f) | laps | [laps] |
| | | |
| menina (f) | tüdruk | [tᵾdruk] |
| menino (m) | poiss | [pojss] |
| adolescente (m) | nooruk | [no:ruk] |
| velho (m) | vanamees | [ʋaname:s] |
| velha, anciã (f) | vanaeit | [ʋanaejt] |

### 27. Anatomia humana

| | | |
|---|---|---|
| organismo (m) | organism | [organism] |
| coração (m) | süda | [sᵾda] |
| sangue (m) | veri | [ʋeri] |
| artéria (f) | arter | [arter] |
| veia (f) | veen | [ʋe:n] |
| | | |
| cérebro (m) | aju | [aju] |
| nervo (m) | närv | [nærʋ] |
| nervos (m pl) | närvid | [nærʋit] |
| vértebra (f) | selgroolüli | [selʲgro:lᵾli] |
| coluna (f) vertebral | selgroog | [selʲgro:g] |
| | | |
| estômago (m) | magu | [magu] |
| intestinos (m pl) | soolestik | [so:lesʲtik] |
| intestino (m) | soolikas | [so:likas] |
| fígado (m) | maks | [maks] |
| rim (m) | neer | [ne:r] |
| | | |
| osso (m) | luu | [lu:] |
| esqueleto (m) | luukere | [lu:kere] |
| costela (f) | roie | [roje] |
| crânio (m) | pealuu | [pealu:] |
| | | |
| músculo (m) | lihas | [lihas] |
| bíceps (m) | biitseps | [bi:tseps] |
| tríceps (m) | kolmpealihas | [kolʲmpealihas] |
| tendão (m) | kõõlus | [kɜ:lus] |
| articulação (f) | liiges | [li:ges] |

| pulmões (m pl) | kops | [kops] |
| órgãos (m pl) genitais | suguelundid | [suguelundit] |
| pele (f) | nahk | [nahk] |

## 28. Cabeça

| cabeça (f) | pea | [pea] |
| cara (f) | nägu | [næɡu] |
| nariz (m) | nina | [nina] |
| boca (f) | suu | [suː] |

| olho (m) | silm | [silʲm] |
| olhos (m pl) | silmad | [silʲmat] |
| pupila (f) | silmatera | [silʲmatera] |
| sobrancelha (f) | kulm | [kulʲm] |
| pestana (f) | ripse | [ripse] |
| pálpebra (f) | silmalaug | [silʲmalauɡ] |

| língua (f) | keel | [keːlʲ] |
| dente (m) | hammas | [hammas] |
| lábios (m pl) | huuled | [huːlet] |
| maçãs (f pl) do rosto | põsesarnad | [pɜsesarnat] |
| gengiva (f) | ige | [iɡe] |
| palato (m) | suulagi | [suːlaɡi] |

| narinas (f pl) | sõõrmed | [sɜːrmet] |
| queixo (m) | lõug | [lɜuɡ] |
| mandíbula (f) | lõualuu | [lɜualuː] |
| bochecha (f) | põsk | [pɜsk] |

| testa (f) | laup | [laup] |
| têmpora (f) | meelekoht | [meːlekoht] |
| orelha (f) | kõrv | [kɜrʊ] |
| nuca (f) | kukal | [kukalʲ] |
| pescoço (m) | kael | [kaelʲ] |
| garganta (f) | kõri | [kɜri] |

| cabelos (m pl) | juuksed | [juːkset] |
| penteado (m) | soeng | [soenɡ] |
| corte (m) de cabelo | juukselõikus | [juːkselɜikus] |
| peruca (f) | parukas | [parukas] |

| bigode (m) | vuntsid | [ʊuntsit] |
| barba (f) | habe | [habe] |
| usar, ter (~ barba, etc.) | kandma | [kandma] |
| trança (f) | pats | [pats] |
| suíças (f pl) | bakenbardid | [bakenbardit] |

| ruivo | punapea | [punapea] |
| grisalho | hall | [halʲ] |
| calvo | kiilas | [kiːlas] |
| calva (f) | kiilaspea | [kiːlaspea] |
| rabo-de-cavalo (m) | hobusesaba | [hobusesaba] |
| franja (f) | tukk | [tukk] |

## 29. Corpo humano

| | | |
|---|---|---|
| mão (f) | **käelaba** | [kæelaba] |
| braço (m) | **käsi** | [kæsi] |
| | | |
| dedo (m) | **sõrm** | [sɜrm] |
| dedo (m) do pé | **varvas** | [ʋarʋas] |
| polegar (m) | **pöial** | [pøialʲ] |
| dedo (m) mindinho | **väike sõrm** | [ʋæjke sɜrm] |
| unha (f) | **küüs** | [kʉːs] |
| | | |
| punho (m) | **rusikas** | [rusikas] |
| palma (f) da mão | **peopesa** | [peopesa] |
| pulso (m) | **ranne** | [ranne] |
| antebraço (m) | **küünarvars** | [kʉːnarʋars] |
| cotovelo (m) | **küünarnukk** | [kʉːnarnukk] |
| ombro (m) | **õlg** | [ɜlʲg] |
| | | |
| perna (f) | **säär** | [sæːr] |
| pé (m) | **jalalaba** | [jalalaba] |
| joelho (m) | **põlv** | [pɜlʲʋ] |
| barriga (f) da perna | **sääremari** | [sæːremari] |
| anca (f) | **puus** | [puːs] |
| calcanhar (m) | **kand** | [kant] |
| | | |
| corpo (m) | **keha** | [keha] |
| barriga (f) | **kõht** | [kɜht] |
| peito (m) | **rind** | [rint] |
| seio (m) | **rind** | [rint] |
| lado (m) | **külg** | [kʉlʲg] |
| costas (f pl) | **selg** | [selʲg] |
| região (f) lombar | **ristluud** | [risʲtluːt] |
| cintura (f) | **talje** | [talje] |
| | | |
| umbigo (m) | **naba** | [naba] |
| nádegas (f pl) | **tuharad** | [tuharat] |
| traseiro (m) | **tagumik** | [tagumik] |
| | | |
| sinal (m) | **sünnimärk** | [sʉnnimærk] |
| sinal (m) de nascença | **sünnimärk** | [sʉnnimærk] |
| tatuagem (f) | **tätoveering** | [tætoʋeːring] |
| cicatriz (f) | **arm** | [arm] |

# Vestuário & Acessórios

## 30. Roupa exterior. Casacos

| | | |
|---|---|---|
| roupa (f) | riided | [riːdet] |
| roupa (f) exterior | üleriided | [ɤleriːdet] |
| roupa (f) de inverno | talveriided | [talʲveriːdet] |
| | | |
| sobretudo (m) | mantel | [mantelʲ] |
| casaco (m) de peles | kasukas | [kasukas] |
| casaco curto (m) de peles | poolkasukas | [poːlʲkasukas] |
| casaco (m) acolchoado | sulejope | [sulejope] |
| | | |
| casaco, blusão (m) | jope | [jope] |
| impermeável (m) | vihmamantel | [ʋihmamantelʲ] |
| impermeável | veekindel | [ʋeːkindelʲ] |

## 31. Vestuário de homem & mulher

| | | |
|---|---|---|
| camisa (f) | särk | [særk] |
| calças (f pl) | püksid | [pɤksit] |
| calças (f pl) de ganga | teksapüksid | [teksapɤksit] |
| casaco (m) de fato | pintsak | [pintsak] |
| fato (m) | ülikond | [ɤlikont] |
| | | |
| vestido (ex. ~ vermelho) | kleit | [klejt] |
| saia (f) | seelik | [seːlik] |
| blusa (f) | pluus | [pluːs] |
| casaco (m) de malha | villane jakk | [ʋilʲæne jakk] |
| casaco, blazer (m) | pluus | [pluːs] |
| | | |
| T-shirt, camiseta (f) | T-särk | [t-særk] |
| calções (Bermudas, etc.) | põlvpüksid | [pɔlʲʋupɤksit] |
| fato (m) de treino | dress | [dress] |
| roupão (m) de banho | hommikumantel | [hommikumantelʲ] |
| pijama (m) | pidžaama | [pidʒaːma] |
| | | |
| suéter (m) | sviiter | [sʋiːter] |
| pulôver (m) | pullover | [pulʲoʋer] |
| | | |
| colete (m) | vest | [ʋesʲt] |
| fraque (m) | frakk | [frakk] |
| smoking (m) | smoking | [smoking] |
| | | |
| uniforme (m) | vormiriietus | [ʋormiriːetus] |
| roupa (f) de trabalho | tööriietus | [tøːriːetus] |
| fato-macaco (m) | kombinesoon | [kombinesoːn] |
| bata (~ branca, etc.) | kittel | [kittelʲ] |

## 32. Vestuário. Roupa interior

| | | |
|---|---|---|
| roupa (f) interior | pesu | [pesu] |
| cuecas boxer (f pl) | trussikud | [trussikut] |
| cuecas (f pl) | trussikud | [trussikut] |
| camisola (f) interior | alussärk | [alussærk] |
| peúgas (f pl) | sokid | [sokit] |

| | | |
|---|---|---|
| camisa (f) de noite | öösärk | [ø:særk] |
| sutiã (m) | rinnahoidja | [rinnahojdja] |
| meias longas (f pl) | põlvikud | [pɔlʲʋikut] |
| meia-calça (f) | sukkpüksid | [sukkpʉksit] |
| meias (f pl) | sukad | [sukat] |
| fato (m) de banho | trikoo | [triko:] |

## 33. Adereços de cabeça

| | | |
|---|---|---|
| chapéu (m) | müts | [mʉts] |
| chapéu (m) de feltro | kaabu | [ka:bu] |
| boné (m) de beisebol | pesapallimüts | [pesapalʲimʉts] |
| boné (m) | soni | [soni] |

| | | |
|---|---|---|
| boina (f) | barett | [barett] |
| capuz (m) | kapuuts | [kapu:ts] |
| panamá (m) | panama | [panama] |
| gorro (m) de malha | kootud müts | [ko:tut mʉts] |

| | | |
|---|---|---|
| lenço (m) | rätik | [rætik] |
| chapéu (m) de mulher | kübar | [kʉbar] |

| | | |
|---|---|---|
| capacete (m) de proteção | kiiver | [ki:ʋer] |
| bibico (m) | pilotka | [pilotka] |
| capacete (m) | lendurimüts | [lendurimʉts] |

| | | |
|---|---|---|
| chapéu-coco (m) | kübar | [kʉbar] |
| chapéu (m) alto | silinder | [silinder] |

## 34. Calçado

| | | |
|---|---|---|
| calçado (m) | jalatsid | [jalatsit] |
| botinas (f pl) | poolsaapad | [po:lʲsa:pat] |
| sapatos (de salto alto, etc.) | kingad | [kingat] |
| botas (f pl) | saapad | [sa:pat] |
| pantufas (f pl) | sussid | [sussit] |

| | | |
|---|---|---|
| ténis (m pl) | tossud | [tossut] |
| sapatilhas (f pl) | ketsid | [ketsit] |
| sandálias (f pl) | sandaalid | [sanda:lit] |

| | | |
|---|---|---|
| sapateiro (m) | kingsepp | [kingsepp] |
| salto (m) | konts | [konts] |

| | | |
|---|---|---|
| par (m) | paar | [pɑːr] |
| atacador (m) | kingapael | [kingapaelʲ] |
| apertar os atacadores | kingapaelu siduma | [kingapaelu siduma] |
| calçadeira (f) | kingalusikas | [kingalusikas] |
| graxa (f) para calçado | kingakreem | [kingakreːm] |

## 35. Têxtil. Tecidos

| | | |
|---|---|---|
| algodão (m) | puuvill | [puːʋilʲ] |
| de algodão | puuvillane | [puːʋilʲæne] |
| linho (m) | lina | [lina] |
| de linho | linane | [linane] |

| | | |
|---|---|---|
| seda (f) | siid | [siːt] |
| de seda | siidi- | [siːdi-] |
| lã (f) | vill | [ʋilʲ] |
| de lã | villane | [ʋilʲæne] |

| | | |
|---|---|---|
| veludo (m) | samet | [samet] |
| camurça (f) | seemisnahk | [seːmisnahk] |
| bombazina (f) | velvet | [ʋelʲʋet] |

| | | |
|---|---|---|
| náilon (m) | nailon | [nailon] |
| de náilon | nailonist | [nailonisʲt] |
| poliéster (m) | polüester | [polʉesʲter] |
| de poliéster | polüestrist | [polʉesʲtrisʲt] |

| | | |
|---|---|---|
| couro (m) | nahk | [nahk] |
| de couro | nahast | [nahasʲt] |
| pele (f) | karusnahk | [karusnahk] |
| de peles, de pele | karusnahkne | [karusnahkne] |

## 36. Acessórios pessoais

| | | |
|---|---|---|
| luvas (f pl) | sõrmkindad | [sɜrmkindat] |
| mitenes (f pl) | labakindad | [labakindat] |
| cachecol (m) | sall | [salʲ] |

| | | |
|---|---|---|
| óculos (m pl) | prillid | [prilʲit] |
| armação (f) de óculos | prilliraamid | [prilʲiraːmit] |
| guarda-chuva (m) | vihmavari | [ʋihmaʋari] |
| bengala (f) | jalutuskepp | [jalutuskepp] |
| escova (f) para o cabelo | juuksehari | [juːksehari] |
| leque (m) | lehvik | [lehʋik] |

| | | |
|---|---|---|
| gravata (f) | lips | [lips] |
| gravata-borboleta (f) | kikilips | [kikilips] |
| suspensórios (m pl) | traksid | [traksit] |
| lenço (m) | taskurätik | [taskurætik] |

| | | |
|---|---|---|
| pente (m) | kamm | [kamm] |
| travessão (m) | juukseklamber | [juːkseklamber] |

| | | |
|---|---|---|
| gancho (m) de cabelo | juuksenõel | [ju:ksenзelʲ] |
| fivela (f) | pannal | [pannalʲ] |
| cinto (m) | vöö | [ʋø:] |
| correia (f) | rihm | [rihm] |
| mala (f) | kott | [kott] |
| mala (f) de senhora | käekott | [kæəkott] |
| mochila (f) | seljakott | [seljakott] |

## 37. Vestuário. Diversos

| | | |
|---|---|---|
| moda (f) | mood | [mo:t] |
| na moda | moodne | [mo:dne] |
| estilista (m) | moekunstnik | [moekunsʲtnik] |
| colarinho (m), gola (f) | krae | [krae] |
| bolso (m) | tasku | [tasku] |
| de bolso | tasku- | [tasku-] |
| manga (f) | varrukas | [ʋarrukas] |
| alcinha (f) | tripp | [tripp] |
| braguilha (f) | püksiauk | [pʉksiauk] |
| fecho (m) de correr | tõmblukk | [tзmblukk] |
| fecho (m), colchete (m) | kinnis | [kinnis] |
| botão (m) | nööp | [nø:p] |
| casa (f) de botão | nööpauk | [nø:pauk] |
| soltar-se (vr) | eest ära tulema | [e:sʲt æra tulema] |
| coser, costurar (vi) | õmblema | [зmblema] |
| bordar (vt) | tikkima | [tikkima] |
| bordado (m) | tikkimine | [tikkimine] |
| agulha (f) | nõel | [nзelʲ] |
| fio (m) | niit | [ni:t] |
| costura (f) | õmblus | [зmblus] |
| sujar-se (vr) | ära määrima | [æra mæ:rima] |
| mancha (f) | plekk | [plekk] |
| engelhar-se (vr) | kortsu minema | [kortsu minema] |
| rasgar (vt) | katki minema | [katki minema] |
| traça (f) | koi | [koj] |

## 38. Cuidados pessoais. Cosméticos

| | | |
|---|---|---|
| pasta (f) de dentes | hambapasta | [hambapasʲta] |
| escova (f) de dentes | hambahari | [hambahari] |
| escovar os dentes | hambaid pesema | [hambait pesema] |
| máquina (f) de barbear | pardel | [pardelʲ] |
| creme (m) de barbear | habemeajamiskreem | [habemeajamiskre:m] |
| barbear-se (vr) | habet ajama | [habet ajama] |
| sabonete (m) | seep | [se:p] |

| | | |
|---|---|---|
| champô (m) | šampoon | [ʃampoːn] |
| tesoura (f) | käärid | [kæːrit] |
| lima (f) de unhas | küüneviil | [kuːneʋiːlʲ] |
| corta-unhas (m) | küünekäärid | [kuːnekæːrit] |
| pinça (f) | pintsett | [pintsett] |

| | | |
|---|---|---|
| cosméticos (m pl) | kosmeetika | [kosmeːtika] |
| máscara (f) facial | mask | [mask] |
| manicura (f) | maniküür | [manikuːr] |
| fazer a manicura | maniküüri tegema | [manikuːri tegema] |
| pedicure (f) | pediküür | [pedikuːr] |

| | | |
|---|---|---|
| mala (f) de maquilhagem | kosmeetikakott | [kosmeːtikakott] |
| pó (m) | puuder | [puːder] |
| caixa (f) de pó | puudritoos | [puːdritoːs] |
| blush (m) | põsepuna | [pɜsepuna] |

| | | |
|---|---|---|
| perfume (m) | lõhnaõli | [lɜhnaɜli] |
| água (f) de toilette | tualettvesi | [tualettʋesi] |
| loção (f) | näovesi | [næoʋesi] |
| água-de-colónia (f) | odekolonn | [odekolonn] |

| | | |
|---|---|---|
| sombra (f) de olhos | lauvärv | [lauʋærʋ] |
| lápis (m) delineador | silmapliiats | [silʲmapliːats] |
| máscara (f), rímel (m) | ripsmetušš | [ripsmetuʃʃ] |

| | | |
|---|---|---|
| batom (m) | huulepulk | [huːlepulʲk] |
| verniz (m) de unhas | küünelakk | [kuːnelakk] |
| laca (f) para cabelos | juukselakk | [juːkselakk] |
| desodorizante (m) | desodorant | [desodorant] |

| | | |
|---|---|---|
| creme (m) | kreem | [kreːm] |
| creme (m) de rosto | näokreem | [næokreːm] |
| creme (m) de mãos | kätekreem | [kætekreːm] |
| creme (m) antirrugas | kortsudevastane kreem | [kortsudeʋasʲtane kreːm] |
| creme (m) de dia | päevakreem | [pææʋakreːm] |
| creme (m) de noite | öökreem | [øːkreːm] |
| de dia | päeva- | [pææʋa-] |
| da noite | öö- | [øː-] |

| | | |
|---|---|---|
| tampão (m) | tampoon | [tampoːn] |
| papel (m) higiénico | tualettpaber | [tualettpaber] |
| secador (m) elétrico | föön | [føːn] |

## 39. Joalheria

| | | |
|---|---|---|
| joias (f pl) | väärtesemed | [ʋæːrtesemet] |
| precioso | väärtuslik | [ʋæːrtuslik] |
| marca (f) de contraste | proov | [proːʋ] |

| | | |
|---|---|---|
| anel (m) | sõrmus | [sɜrmus] |
| aliança (f) | laulatussõrmus | [laulatussɜrmus] |
| pulseira (f) | käevõru | [kææʋɜru] |
| brincos (m pl) | kõrvarõngad | [kɜrʋarɜngat] |

| colar (m) | kaelakee | [kaelake:] |
|---|---|---|
| coroa (f) | kroon | [kro:n] |
| colar (m) de contas | helmed | [helʲmet] |

| diamante (m) | briljant | [briljant] |
|---|---|---|
| esmeralda (f) | smaragd | [smaragt] |
| rubi (m) | rubiin | [rubi:n] |
| safira (f) | safiir | [safi:r] |
| pérola (f) | pärlid | [pærlit] |
| âmbar (m) | merevaik | [mereʋaik] |

## 40. Relógios de pulso. Relógios

| relógio (m) de pulso | käekell | [kæəkelʲ] |
|---|---|---|
| mostrador (m) | sihverplaat | [sihʋerpla:t] |
| ponteiro (m) | osuti | [osuti] |
| bracelete (f) em aço | kellarihm | [kelʲærihm] |
| bracelete (f) em couro | kellarihm | [kelʲærihm] |

| pilha (f) | patarei | [patarej] |
|---|---|---|
| descarregar-se | tühjaks saama | [tʉhjaks sa:ma] |
| trocar a pilha | patareid vahetama | [patarejt ʋahetama] |
| estar adiantado | ette käima | [ette kæjma] |
| estar atrasado | taha jääma | [taha jæ:ma] |

| relógio (m) de parede | seinakell | [sejnakelʲ] |
|---|---|---|
| ampulheta (f) | liivakell | [li:ʋakelʲ] |
| relógio (m) de sol | päiksekell | [pæjksekelʲ] |
| despertador (m) | äratuskell | [æratuskelʲ] |
| relojoeiro (m) | kellassepp | [kelʲæssepp] |
| reparar (vt) | parandama | [parandama] |

# Alimentação. Nutrição

## 41. Comida

| | | |
|---|---|---|
| carne (f) | liha | [liha] |
| galinha (f) | kana | [kana] |
| frango (m) | kanapoeg | [kanapoeg] |
| pato (m) | part | [part] |
| ganso (m) | hani | [hani] |
| caça (f) | metslinnud | [metslinnut] |
| peru (m) | kalkun | [kalʲkun] |
| | | |
| carne (f) de porco | sealiha | [sealiha] |
| carne (f) de vitela | vasikaliha | [ʋasikaliha] |
| carne (f) de carneiro | lambaliha | [lambaliha] |
| carne (f) de vaca | loomaliha | [lo:maliha] |
| carne (f) de coelho | küülik | [kʉ:lik] |
| | | |
| chouriço, salsichão (m) | vorst | [ʋorsʲt] |
| salsicha (f) | viiner | [ʋi:ner] |
| bacon (m) | peekon | [pe:kon] |
| fiambre (f) | sink | [sink] |
| presunto (m) | sink | [sink] |
| | | |
| patê (m) | pasteet | [pasʲte:t] |
| fígado (m) | maks | [maks] |
| carne (f) moída | hakkliha | [hakkliha] |
| língua (f) | keel | [ke:lʲ] |
| | | |
| ovo (m) | muna | [muna] |
| ovos (m pl) | munad | [munat] |
| clara (f) do ovo | munavalge | [munaʋalʲge] |
| gema (f) do ovo | munakollane | [munakolʲæne] |
| | | |
| peixe (m) | kala | [kala] |
| mariscos (m pl) | mereannid | [mereannit] |
| crustáceos (m pl) | koorikloomad | [ko:riklo:mat] |
| caviar (m) | kalamari | [kalamari] |
| | | |
| caranguejo (m) | krabi | [krabi] |
| camarão (m) | krevett | [kreʋett] |
| ostra (f) | auster | [ausʲter] |
| lagosta (f) | langust | [langusʲt] |
| polvo (m) | kaheksajalg | [kaheksajalʲg] |
| lula (f) | kalmaar | [kalʲma:r] |
| | | |
| esturjão (m) | tuurakala | [tu:rakala] |
| salmão (m) | lõhe | [lɜhe] |
| halibute (m) | paltus | [palʲtus] |
| bacalhau (m) | tursk | [tursk] |

| cavala, sarda (f) | skumbria | [skumbria] |
| atum (m) | tuunikala | [tu:nikala] |
| enguia (f) | angerjas | [angerjas] |

| truta (f) | forell | [forelʲ] |
| sardinha (f) | sardiin | [sardi:n] |
| lúcio (m) | haug | [haug] |
| arenque (m) | heeringas | [he:ringas] |

| pão (m) | leib | [lejb] |
| queijo (m) | juust | [ju:sʲt] |
| açúcar (m) | suhkur | [suhkur] |
| sal (m) | sool | [so:lʲ] |

| arroz (m) | riis | [ri:s] |
| massas (f pl) | makaronid | [makaronit] |
| talharim (m) | lintnuudlid | [lintnu:tlit] |

| manteiga (f) | või | [ʋɔi] |
| óleo (m) vegetal | taimeõli | [taimeɜli] |
| óleo (m) de girassol | päevalilleõli | [pæəʋalilʲeɜli] |
| margarina (f) | margariin | [margari:n] |

| azeitonas (f pl) | oliivid | [oli:ʋit] |
| azeite (m) | oliivõli | [oli:ʋɜli] |

| leite (m) | piim | [pi:m] |
| leite (m) condensado | kondenspiim | [kondenspi:m] |
| iogurte (m) | jogurt | [jogurt] |
| nata (f) azeda | hapukoor | [hapuko:r] |
| nata (f) do leite | koor | [ko:r] |

| maionese (f) | majonees | [majone:s] |
| creme (m) | kreem | [kre:m] |

| grãos (m pl) de cereais | tangud | [tangut] |
| farinha (f) | jahu | [jahu] |
| enlatados (m pl) | konservid | [konserʋit] |

| flocos (m pl) de milho | maisihelbed | [maisihelʲbet] |
| mel (m) | mesi | [mesi] |
| doce (m) | džemm | [ʤemm] |
| pastilha (f) elástica | närimiskumm | [nærimiskumm] |

## 42. Bebidas

| água (f) | vesi | [ʋesi] |
| água (f) potável | joogivesi | [jo:giʋesi] |
| água (f) mineral | mineraalvesi | [minera:lʲʋesi] |

| sem gás | gaasita | [ga:sita] |
| gaseificada | gaseeritud | [gase:ritut] |
| com gás | gaasiga | [ga:siga] |
| gelo (m) | jää | [jæ:] |

| com gelo | jääga | [jæ:ga] |
| sem álcool | alkoholivaba | [alʲkoholiʋaba] |
| bebida (f) sem álcool | alkoholivaba jook | [alʲkoholiʋaba jo:k] |
| refresco (m) | karastusjook | [karasʲtusjo:k] |
| limonada (f) | limonaad | [limona:t] |

| bebidas (f pl) alcoólicas | alkoholsed joogid | [alʲkoho:lʲset jo:git] |
| vinho (m) | vein | [ʋejn] |
| vinho (m) branco | valge vein | [ʋalʲge ʋejn] |
| vinho (m) tinto | punane vein | [punane ʋejn] |

| licor (m) | liköör | [likø:r] |
| champanhe (m) | šampus | [ʃampus] |
| vermute (m) | vermut | [ʋermut] |

| uísque (m) | viski | [ʋiski] |
| vodka (f) | viin | [ʋi:n] |
| gim (m) | džinn | [dʒinn] |
| conhaque (m) | konjak | [konjak] |
| rum (m) | rumm | [rumm] |

| café (m) | kohv | [kohʋ] |
| café (m) puro | must kohv | [musʲt kohʋ] |
| café (m) com leite | piimaga kohv | [pi:maga kohʋ] |
| cappuccino (m) | koorega kohv | [ko:rega kohʋ] |
| café (m) solúvel | lahustuv kohv | [lahusʲtuʋ kohʋ] |

| leite (m) | piim | [pi:m] |
| coquetel (m) | kokteil | [koktejlʲ] |
| batido (m) de leite | piimakokteil | [pi:makoktejlʲ] |

| sumo (m) | mahl | [mahlʲ] |
| sumo (m) de tomate | tomatimahl | [tomatimahlʲ] |
| sumo (m) de laranja | apelsinimahl | [apelʲsinimahlʲ] |
| sumo (m) fresco | värskelt pressitud mahl | [ʋærskelʲt pressitut mahlʲ] |

| cerveja (f) | õlu | [ɜlu] |
| cerveja (f) clara | hele õlu | [hele ɜlu] |
| cerveja (f) preta | tume õlu | [tume ɜlu] |

| chá (m) | tee | [te:] |
| chá (m) preto | must tee | [musʲt te:] |
| chá (m) verde | roheline tee | [roheline te:] |

## 43. Vegetais

| legumes (m pl) | juurviljad | [ju:rʋiljat] |
| verduras (f pl) | maitseroheline | [maitseroheline] |

| tomate (m) | tomat | [tomat] |
| pepino (m) | kurk | [kurk] |
| cenoura (f) | porgand | [porgant] |
| batata (f) | kartul | [kartulʲ] |
| cebola (f) | sibul | [sibulʲ] |

| alho (m) | küüslauk | [kɐ:slauk] |
| couve (f) | kapsas | [kapsas] |
| couve-flor (f) | lillkapsas | [lilʲkapsas] |
| couve-de-bruxelas (f) | brüsseli kapsas | [brɐsseli kapsas] |
| brócolos (m pl) | brokkoli | [brokkoli] |

| beterraba (f) | peet | [pe:t] |
| beringela (f) | baklažaan | [baklaʒa:n] |
| curgete (f) | suvikõrvits | [suʋikɜrʋits] |
| abóbora (f) | kõrvits | [kɜrʋits] |
| nabo (m) | naeris | [naeris] |

| salsa (f) | petersell | [peterselʲ] |
| funcho, endro (m) | till | [tilʲ] |
| alface (f) | salat | [salat] |
| aipo (m) | seller | [selʲer] |
| espargo (m) | aspar | [aspar] |
| espinafre (m) | spinat | [spinat] |

| ervilha (f) | hernes | [hernes] |
| fava (f) | oad | [oat] |
| milho (m) | mais | [mais] |
| feijão (m) | aedoad | [aedoat] |

| pimentão (m) | pipar | [pipar] |
| rabanete (m) | redis | [redis] |
| alcachofra (f) | artišokk | [artiʃokk] |

## 44. Frutos. Nozes

| fruta (f) | puuvili | [pu:ʋili] |
| maçã (f) | õun | [ɜun] |
| pera (f) | pirn | [pirn] |
| limão (m) | sidrun | [sidrun] |
| laranja (f) | apelsin | [apelʲsin] |
| morango (m) | aedmaasikas | [aedma:sikas] |

| tangerina (f) | mandariin | [mandari:n] |
| ameixa (f) | ploom | [plo:m] |
| pêssego (m) | virsik | [ʋirsik] |
| damasco (m) | aprikoos | [apriko:s] |
| framboesa (f) | vaarikas | [ʋa:rikas] |
| ananás (m) | ananass | [ananass] |

| banana (f) | banaan | [bana:n] |
| melancia (f) | arbuus | [arbu:s] |
| uva (f) | viinamarjad | [ʋi:namarjat] |
| ginja (f) | kirss | [kirss] |
| cereja (f) | murel | [murelʲ] |
| meloa (f) | melon | [melon] |

| toranja (f) | greip | [grejp] |
| abacate (m) | avokaado | [aʋoka:do] |
| papaia (f) | papaia | [papaia] |

| manga (f) | mango | [mango] |
|---|---|---|
| romã (f) | granaatõun | [grana:tʒun] |

| groselha (f) vermelha | punane sõstar | [punane sɜsˈtar] |
|---|---|---|
| groselha (f) preta | must sõstar | [musˈt sɜsˈtar] |
| groselha (f) espinhosa | karusmari | [karusmari] |
| mirtilo (m) | mustikas | [musˈtikas] |
| amora silvestre (f) | põldmari | [pɜlˈdmari] |

| uvas (f pl) passas | rosinad | [rosinat] |
|---|---|---|
| figo (m) | ingver | [inguer] |
| tâmara (f) | dattel | [dattelˈ] |

| amendoim (m) | maapähkel | [ma:pæhkelˈ] |
|---|---|---|
| amêndoa (f) | mandlipähkel | [mantlipæhkelˈ] |
| noz (f) | kreeka pähkel | [kre:ka pæhkelˈ] |
| avelã (f) | sarapuupähkel | [sarapu:pæhkelˈ] |
| coco (m) | kookospähkel | [ko:kospæhkelˈ] |
| pistáchios (m pl) | pistaatsiapähkel | [pisˈta:tsiapæhkelˈ] |

## 45. Pão. Bolaria

| pastelaria (f) | kondiitritooted | [kondi:trito:tet] |
|---|---|---|
| pão (m) | leib | [lejb] |
| bolacha (f) | küpsis | [kupsis] |

| chocolate (m) | šokolaad | [ʃokola:t] |
|---|---|---|
| de chocolate | šokolaadi- | [ʃokola:di-] |
| rebuçado (m) | komm | [komm] |
| bolo (cupcake, etc.) | kook | [ko:k] |
| bolo (m) de aniversário | tort | [tort] |

| tarte (~ de maçã) | pirukas | [pirukas] |
|---|---|---|
| recheio (m) | täidis | [tæjdis] |

| doce (m) | moos | [mo:s] |
|---|---|---|
| geleia (f) de frutas | marmelaad | [marmela:t] |
| waffle (m) | vahvlid | [uahulit] |
| gelado (m) | jäätis | [jæ:tis] |

## 46. Pratos cozinhados

| prato (m) | roog | [ro:g] |
|---|---|---|
| cozinha (~ portuguesa) | köök | [kø:k] |
| receita (f) | retsept | [retsept] |
| porção (f) | portsjon | [portsjon] |

| salada (f) | salat | [salat] |
|---|---|---|
| sopa (f) | supp | [supp] |

| caldo (m) | puljong | [puljong] |
|---|---|---|
| sandes (f) | võileib | [uʒjlejb] |

| ovos (m pl) estrelados | munaroog | [munaro:g] |
|---|---|---|
| hambúrguer (m) | hamburger | [hamburger] |
| bife (m) | biifsteek | [bi:fsʲte:k] |

| conduto (m) | lisand | [lisant] |
|---|---|---|
| espaguete (m) | spagetid | [spagetit] |
| puré (m) de batata | kartulipüree | [kartulipʉre:] |
| pizza (f) | pitsa | [pitsa] |
| papa (f) | puder | [puder] |
| omelete (f) | omlett | [omlett] |

| cozido em água | keedetud | [ke:detut] |
|---|---|---|
| fumado | suitsutatud | [suitsutatut] |
| frito | praetud | [praetut] |
| seco | kuivatatud | [kuiʋatatut] |
| congelado | külmutatud | [kʉlʲmutatut] |
| em conserva | marineeritud | [marine:ritut] |

| doce (açucarado) | magus | [magus] |
|---|---|---|
| salgado | soolane | [so:lane] |
| frio | külm | [kʉlʲm] |
| quente | kuum | [ku:m] |
| amargo | mõru | [mɜru] |
| gostoso | maitsev | [maitseʋ] |

| cozinhar (em água a ferver) | keetma | [ke:tma] |
|---|---|---|
| fazer, preparar (vt) | süüa tegema | [sʉ:a tegema] |
| fritar (vt) | praadima | [pra:dima] |
| aquecer (vt) | soojendama | [so:jendama] |

| salgar (vt) | soolama | [so:lama] |
|---|---|---|
| apimentar (vt) | pipardama | [pipardama] |
| ralar (vt) | riivima | [ri:ʋima] |
| casca (f) | koor | [ko:r] |
| descascar (vt) | koorima | [ko:rima] |

## 47. Especiarias

| sal (m) | sool | [so:lʲ] |
|---|---|---|
| salgado | soolane | [so:lane] |
| salgar (vt) | soolama | [so:lama] |

| pimenta (f) preta | must pipar | [musʲt pipar] |
|---|---|---|
| pimenta (f) vermelha | punane pipar | [punane pipar] |
| mostarda (f) | sinep | [sinep] |
| raiz-forte (f) | mädarõigas | [mædarɜigas] |

| condimento (m) | maitseaine | [maitseaine] |
|---|---|---|
| especiaria (f) | vürts | [ʋʉrts] |
| molho (m) | kaste | [kasʲte] |
| vinagre (m) | äädikas | [æ:dikas] |

| anis (m) | aniis | [ani:s] |
|---|---|---|
| manjericão (m) | basiilik | [basi:lik] |

| cravo (m) | nelk | [nelʲk] |
|---|---|---|
| gengibre (m) | ingver | [ingʋer] |
| coentro (m) | koriander | [koriander] |
| canela (f) | kaneel | [kane:lʲ] |

| sésamo (m) | seesamiseemned | [se:samise:mnet] |
|---|---|---|
| folhas (f pl) de louro | loorber | [lo:rber] |
| páprica (f) | paprika | [paprika] |
| cominho (m) | köömned | [kø:mnet] |
| açafrão (m) | safran | [safran] |

## 48. Refeições

| comida (f) | söök | [sø:k] |
|---|---|---|
| comer (vt) | sööma | [sø:ma] |

| pequeno-almoço (m) | hommikusöök | [hommikusø:k] |
|---|---|---|
| tomar o pequeno-almoço | hommikust sööma | [hommikusʲt sø:ma] |
| almoço (m) | lõuna | [lɜuna] |
| almoçar (vi) | lõunat sööma | [lɜunat sø:ma] |
| jantar (m) | õhtusöök | [ɜhtusø:k] |
| jantar (vi) | õhtust sööma | [ɜhtusʲt sø:ma] |

| apetite (m) | söögiisu | [sø:gi:su] |
|---|---|---|
| Bom apetite! | Head isu! | [heat isu!] |

| abrir (~ uma lata, etc.) | avama | [aʋama] |
|---|---|---|
| derramar (vt) | maha valama | [maha ʋalama] |
| derramar-se (vr) | maha voolama | [maha ʋo:lama] |

| ferver (vi) | keema | [ke:ma] |
|---|---|---|
| ferver (vt) | keetma | [ke:tma] |
| fervido | keedetud | [ke:detut] |

| arrefecer (vt) | jahutama | [jahutama] |
|---|---|---|
| arrefecer-se (vr) | jahtuma | [jahtuma] |

| sabor, gosto (m) | maitse | [maitse] |
|---|---|---|
| gostinho (m) | kõrvalmaitse | [kɜrʋalʲmaitse] |

| fazer dieta | kaalus alla võtma | [ka:lus alʲæ ʋɜtma] |
|---|---|---|
| dieta (f) | dieet | [die:t] |
| vitamina (f) | vitamiin | [ʋitami:n] |
| caloria (f) | kalor | [kalor] |

| vegetariano (m) | taimetoitlane | [taimetojtlane] |
|---|---|---|
| vegetariano | taimetoitluslik | [taimetojtluslik] |

| gorduras (f pl) | rasvad | [rasʋat] |
|---|---|---|
| proteínas (f pl) | valgud | [ʋalʲgut] |
| carboidratos (m pl) | süsivesikud | [süsiʋesikut] |
| fatia (~ de limão, etc.) | viil | [ʋi:lʲ] |
| pedaço (~ de bolo) | tükk | [tʉkk] |
| migalha (f) | puru | [puru] |

## 49. Por a mesa

| | | |
|---|---|---|
| colher (f) | lusikas | [lusikas] |
| faca (f) | nuga | [nuga] |
| garfo (m) | kahvel | [kahʋelʲ] |

| | | |
|---|---|---|
| chávena (f) | tass | [tass] |
| prato (m) | taldrik | [talʲdrik] |
| pires (m) | alustass | [alusʲtass] |
| guardanapo (m) | salvrätik | [salʲʋrætik] |
| palito (m) | hambaork | [hambaork] |

## 50. Restaurante

| | | |
|---|---|---|
| restaurante (m) | restoran | [resʲtoran] |
| café (m) | kohvituba | [kohʋituba] |
| bar (m), cervejaria (f) | baar | [baːr] |
| salão (m) de chá | teesalong | [teːsalong] |

| | | |
|---|---|---|
| empregado (m) de mesa | kelner | [kelʲner] |
| empregada (f) de mesa | ettekandja | [ettekandja] |
| barman (m) | baarimees | [baːrimeːs] |

| | | |
|---|---|---|
| ementa (f) | menüü | [menɵː] |
| lista (f) de vinhos | veinikaart | [ʋejnikaːrt] |
| reservar uma mesa | lauda kinni panema | [lauda kinni panema] |

| | | |
|---|---|---|
| prato (m) | roog | [roːg] |
| pedir (vt) | tellima | [telʲima] |
| fazer o pedido | tellimust andma | [telʲimusʲt andma] |

| | | |
|---|---|---|
| aperitivo (m) | aperitiiv | [aperitiːʋ] |
| entrada (f) | suupiste | [suːpisʲte] |
| sobremesa (f) | magustoit | [magusʲtojt] |

| | | |
|---|---|---|
| conta (f) | arve | [arʋe] |
| pagar a conta | arvet maksma | [arʋet maksma] |
| dar o troco | raha tagasi andma | [raha tagasi andma] |
| gorjeta (f) | jootraha | [joːtraha] |

# Família, parentes e amigos

## 51. Informação pessoal. Formulários

| | | |
|---|---|---|
| nome (m) | eesnimi | [e:snimi] |
| apelido (m) | perekonnnimi | [perekonnnimi] |
| data (f) de nascimento | sünniaeg | [sʉnniaeg] |
| local (m) de nascimento | sünnikoht | [sʉnnikoht] |
| | | |
| nacionalidade (f) | rahvus | [rahʊus] |
| lugar (m) de residência | elukoht | [elukoht] |
| país (m) | riik | [ri:k] |
| profissão (f) | elukutse | [elukutse] |
| | | |
| sexo (m) | sugu | [sugu] |
| estatura (f) | kasv | [kasʊ] |
| peso (m) | kaal | [ka:lʲ] |

## 52. Membros da família. Parentes

| | | |
|---|---|---|
| mãe (f) | ema | [ema] |
| pai (m) | isa | [isa] |
| filho (m) | poeg | [poeg] |
| filha (f) | tütar | [tʉtar] |
| | | |
| filha (f) mais nova | noorem tütar | [no:rem tʉtar] |
| filho (m) mais novo | noorem poeg | [no:rem poeg] |
| filha (f) mais velha | vanem tütar | [ʊanem tʉtar] |
| filho (m) mais velho | vanem poeg | [ʊanem poeg] |
| | | |
| irmão (m) | vend | [ʊent] |
| irmão (m) mais velho | vanem vend | [ʊanem ʊent] |
| irmão (m) mais novo | noorem vend | [no:rem ʊent] |
| irmã (f) | õde | [ɜde] |
| irmã (f) mais velha | vanem õde | [ʊanem ɜde] |
| irmã (f) mais nova | noorem õde | [no:rem ɜde] |
| | | |
| primo (m) | onupoeg | [onupoeg] |
| prima (f) | onutütar | [onutʉtar] |
| mamã (f) | mamma | [mamma] |
| papá (m) | papa | [papa] |
| pais (pl) | vanemad | [ʊanemat] |
| criança (f) | laps | [laps] |
| crianças (f pl) | lapsed | [lapset] |
| | | |
| avó (f) | vanaema | [ʊanaema] |
| avô (m) | vanaisa | [ʊanaisa] |
| neto (m) | lapselaps | [lapselaps] |

| neta (f) | lapselaps | [lapselaps] |
| netos (pl) | lapselapsed | [lapselapset] |

| tio (m) | onu | [onu] |
| tia (f) | tädi | [tædi] |
| sobrinho (m) | vennapoeg | [ʋennapoeg] |
| sobrinha (f) | vennatütar | [ʋennatʉtar] |

| sogra (f) | ämm | [æmm] |
| sogro (m) | äi | [æj] |
| genro (m) | väimees | [ʋæjme:s] |
| madrasta (f) | võõrasema | [ʋɔ:rasema] |
| padrasto (m) | võõrasisa | [ʋɔ:rasisa] |

| criança (f) de colo | rinnalaps | [rinnalaps] |
| bebé (m) | imik | [imik] |
| menino (m) | väikelaps | [ʋæjkelaps] |

| mulher (f) | naine | [naine] |
| marido (m) | mees | [me:s] |
| esposo (m) | abikaasa | [abika:sa] |
| esposa (f) | abikaasa | [abika:sa] |

| casado | abielus | [abielus] |
| casada | abielus | [abielus] |
| solteiro | vallaline | [ʋalʲæline] |
| solteirão (m) | vanapoiss | [ʋanapojss] |
| divorciado | lahutatud | [lahutatut] |
| viúva (f) | lesk | [lesk] |
| viúvo (m) | lesk | [lesk] |

| parente (m) | sugulane | [sugulane] |
| parente (m) próximo | lähedane sugulane | [lʲæhedane sugulane] |
| parente (m) distante | kaugelt sugulane | [kaugelʲt sugulane] |
| parentes (m pl) | sugulased | [sugulaset] |

| órfão (m), órfã (f) | orb | [orb] |
| tutor (m) | eestkostja | [e:sʲtkosʲtja] |
| adotar (um filho) | lapsendama | [lapsendama] |
| adotar (uma filha) | lapsendama | [lapsendama] |

## 53. Amigos. Colegas de trabalho

| amigo (m) | sõber | [sɜber] |
| amiga (f) | sõbranna | [sɜbranna] |
| amizade (f) | sõprus | [sɜprus] |
| ser amigos | sõber olla | [sɜber olʲæ] |

| amigo (m) | sõber | [sɜber] |
| amiga (f) | sõbranna | [sɜbranna] |
| parceiro (m) | partner | [partner] |

| chefe (m) | šeff | [ʃeff] |
| superior (m) | ülemus | [ʉlemus] |

| proprietário (m) | omanik | [omanik] |
|---|---|---|
| subordinado (m) | alluv | [alʲuʊ] |
| colega (m) | kolleeg | [kolʲe:g] |

| conhecido (m) | tuttav | [tuttaʊ] |
|---|---|---|
| companheiro (m) de viagem | teekaaslane | [te:ka:slane] |
| colega (m) de classe | klassikaaslane | [klassika:slane] |

| vizinho (m) | naaber | [na:ber] |
|---|---|---|
| vizinha (f) | naabrinaine | [na:brinaine] |
| vizinhos (pl) | naabrid | [na:brit] |

## 54. Homem. Mulher

| mulher (f) | naine | [naine] |
|---|---|---|
| rapariga (f) | tütarlaps | [tʉtarlaps] |
| noiva (f) | pruut | [pru:t] |

| bonita | ilus | [ilus] |
|---|---|---|
| alta | pikka kasvu | [pikka kasʊu] |
| esbelta | sale | [sale] |
| de estatura média | lühikest kasvu | [lʉhikesʲt kasʊu] |

| loura (f) | blondiin | [blondi:n] |
|---|---|---|
| morena (f) | brünett | [brʉnett] |

| de senhora | daamide | [da:mide] |
|---|---|---|
| virgem (f) | neitsi | [nejtsi] |
| grávida | rase | [rase] |

| homem (m) | mees | [me:s] |
|---|---|---|
| louro (m) | blondiin | [blondi:n] |
| moreno (m) | brünett | [brʉnett] |
| alto | pikka kasvu | [pikka kasʊu] |
| de estatura média | lühikest kasvu | [lʉhikesʲt kasʊu] |

| rude | jõhker | [jɜhker] |
|---|---|---|
| atarracado | jässakas | [jæssakas] |
| robusto | vastupidav | [ʊasʲtupidaʊ] |
| forte | tugev | [tugeʊ] |
| força (f) | jõud | [jɜut] |

| gordo | täidlane | [tæjtlane] |
|---|---|---|
| moreno | tõmmu | [tɜmmu] |
| esbelto | sihvakas | [sihʊakas] |
| elegante | elegantne | [elegantne] |

## 55. Idade

| idade (f) | vanus | [ʊanus] |
|---|---|---|
| juventude (f) | noorus | [no:rus] |
| jovem | noor | [no:r] |

| mais novo | noorem | [no:rem] |
| mais velho | vanem | [ʋanem] |

| jovem (m) | noormees | [no:rme:s] |
| adolescente (m) | nooruk | [no:ruk] |
| rapaz (m) | poiss | [pojss] |

| velho (m) | vanamees | [ʋaname:s] |
| velhota (f) | vanaeit | [ʋanaejt] |

| adulto | täiskasvanud | [tæjskasʋanut] |
| de meia-idade | keskealine | [keskealine] |
| idoso, de idade | eakas | [eakas] |
| velho | vana | [ʋana] |

| reforma (f) | pension | [pension] |
| reformar-se (vr) | pensionile minema | [pensionile minema] |
| reformado (m) | pensionär | [pensionær] |

## 56. Crianças

| criança (f) | laps | [laps] |
| crianças (f pl) | lapsed | [lapset] |
| gémeos (m pl) | kaksikud | [kaksikut] |

| berço (m) | häll | [hælʲ] |
| guizo (m) | kõristi | [kɜrisʲti] |
| fralda (f) | mähe | [mæhe] |

| chupeta (f) | lutt | [lutt] |
| carrinho (m) de bebé | lapsevanker | [lapseʋanker] |
| jardim (m) de infância | lasteaed | [lasʲteaet] |
| babysitter (f) | lapsehoidja | [lapsehojdja] |

| infância (f) | lapsepõlv | [lapsepɜlʲʋ] |
| boneca (f) | nukk | [nukk] |
| brinquedo (m) | mänguasi | [mænguasi] |
| jogo (m) de armar | konstruktor | [konsʲtruktor] |

| bem-educado | hästikasvatatud | [hæsʲtikasʋatatut] |
| mal-educado | kasvatamatu | [kasʋatamatu] |
| mimado | hellitatud | [helʲitatut] |

| ser travesso | mürama | [mɥrama] |
| travesso, traquinas | vallatu | [ʋalʲætu] |
| travessura (f) | vallatus | [ʋalʲætus] |
| criança (f) travessa | vallatu jõmpsikas | [ʋalʲætu jɜmpsikas] |

| obediente | kuulekas | [ku:lekas] |
| desobediente | sõnakuulmatu | [sɜnaku:lʲmatu] |

| dócil | mõistlik | [mɜisʲtlik] |
| inteligente | tark | [tark] |
| menino (m) prodígio | imelaps | [imelaps] |

## 57. Casais. Vida de família

| | | |
|---|---|---|
| beijar (vt) | suudlema | [su:tlema] |
| beijar-se (vr) | suudlema | [su:tlema] |
| família (f) | perekond | [perekont] |
| familiar | perekondlik | [perekontlik] |
| casal (m) | abielupaar | [abielupa:r] |
| matrimónio (m) | abielu | [abielu] |
| lar (m) | kodukolle | [kodukolʲe] |
| dinastia (f) | dünastia | [dɵnasʲtia] |
| | | |
| encontro (m) | kohtamine | [kohtamine] |
| beijo (m) | suudlus | [su:tlus] |
| | | |
| amor (m) | armastus | [armasʲtus] |
| amar (vt) | armastama | [armasʲtama] |
| amado, querido | kallim | [kalʲim] |
| | | |
| ternura (f) | õrnus | [ɜrnus] |
| terno, afetuoso | õrn | [ɜrn] |
| fidelidade (f) | truudus | [tru:dus] |
| fiel | truu | [tru:] |
| cuidado (m) | hoolitsus | [ho:litsus] |
| carinhoso | hoolitsev | [ho:litseʋ] |
| | | |
| recém-casados (m pl) | pruutpaar | [pru:tpa:r] |
| lua de mel (f) | mesinädalad | [mesinædalat] |
| casar-se (com um homem) | mehele minema | [mehele minema] |
| casar-se (com uma mulher) | naist võtma | [naisʲt uɜtma] |
| | | |
| boda (f) | pulmad | [pulʲmat] |
| bodas (f pl) de ouro | kuldpulm | [kulʲtpulʲm] |
| aniversário (m) | aastapäev | [a:sʲtapæeʋ] |
| | | |
| amante (m) | armuke | [armuke] |
| amante (f) | armuke | [armuke] |
| | | |
| adultério (m) | petmine | [petmine] |
| cometer adultério | petma | [petma] |
| divórcio (m) | lahutus | [lahutus] |
| divorciar-se (vr) | lahutama | [lahutama] |
| | | |
| brigar (discutir) | tülitsema | [tɵlitsema] |
| fazer as pazes | leppima | [leppima] |
| juntos | koos | [ko:s] |
| sexo (m) | seks | [seks] |
| | | |
| felicidade (f) | õnn | [ɜnn] |
| feliz | õnnelik | [ɜnnelik] |
| infelicidade (f) | õnnetus | [ɜnnetus] |
| infeliz | õnnetu | [ɜnnetu] |

# Caráter. Sentimentos. Emoções

## 58. Sentimentos. Emoções

| | | |
|---|---|---|
| sentimento (m) | tunne | [tunne] |
| sentimentos (m pl) | tunded | [tundet] |
| sentir (vt) | tundma | [tundma] |
| | | |
| fome (f) | nälg | [nælⁱg] |
| ter fome | süüa tahtma | [sɐ:a tahtma] |
| sede (f) | janu | [janu] |
| ter sede | juua tahtma | [ju:a tahtma] |
| sonolência (f) | unisus | [unisus] |
| estar sonolento | magada tahtma | [magada tahtma] |
| | | |
| cansaço (m) | väsimus | [ʋæsimus] |
| cansado | väsinud | [ʋæsinut] |
| ficar cansado | väsima | [ʋæsima] |
| | | |
| humor (m) | tuju | [tuju] |
| tédio (m) | igavus | [igaʋus] |
| aborrecer-se (vr) | igavlema | [igaʋlema] |
| isolamento (m) | üksindus | [ɐksindus] |
| isolar-se | üksi olema | [ɐksi olema] |
| | | |
| preocupar (vt) | muret tegema | [muret tegema] |
| preocupar-se (vr) | muretsema | [muretsema] |
| preocupação (f) | rahutus | [rahutus] |
| ansiedade (f) | häire | [hæjre] |
| preocupado | muretsev | [muretseʋ] |
| estar nervoso | närveerima | [nærʋe:rima] |
| entrar em pânico | paanikasse sattuma | [pa:nikasse sattuma] |
| | | |
| esperança (f) | lootus | [lo:tus] |
| esperar (vt) | lootma | [lo:tma] |
| | | |
| certeza (f) | enesekindlus | [enesekintlus] |
| certo | enesekindel | [enesekindelʲ] |
| indecisão (f) | ebakindlus | [ebakintlus] |
| indeciso | ebakindel | [ebakindelʲ] |
| | | |
| ébrio, bêbado | purjus | [purjus] |
| sóbrio | kaine | [kaine] |
| fraco | nõrk | [nɜrk] |
| feliz | õnnelik | [ɜnnelik] |
| assustar (vt) | ehmatama | [ehmatama] |
| fúria (f) | märatsushoog | [mæratsusho:g] |
| ira, raiva (f) | raev | [raeʋ] |
| depressão (f) | depressioon | [depressio:n] |
| desconforto (m) | ebamugavus | [ebamugaʋus] |

| conforto (m) | mugavus | [mugaʋus] |
|---|---|---|
| arrepender-se (vr) | kahetsema | [kahetsema] |
| arrependimento (m) | kahetsus | [kahetsus] |
| azar (m), má sorte (f) | ebaõnnestumine | [ebaɜnnesitumine] |
| tristeza (f) | kurvastus | [kuruasitus] |

| vergonha (f) | häbi | [hæbi] |
|---|---|---|
| alegria (f) | pidu | [pidu] |
| entusiasmo (m) | entusiasm | [entusiasm] |
| entusiasta (m) | entusiast | [entusiasit] |
| mostrar entusiasmo | entusiasmi üles näitama | [entusiasmi ʉles næjtama] |

## 59. Caráter. Personalidade

| caráter (m) | iseloom | [iselo:m] |
|---|---|---|
| falha (f) de caráter | nõrkus | [nɜrkus] |
| mente (f) | mõistus | [mɜisitus] |
| razão (f) | aru | [aru] |

| consciência (f) | südametunnistus | [sʉdametunnisitus] |
|---|---|---|
| hábito (m) | harjumus | [harjumus] |
| habilidade (f) | võimed | [ʋɜimet] |
| saber (~ nadar, etc.) | oskama | [oskama] |

| paciente | kannatlik | [kannatlik] |
|---|---|---|
| impaciente | kannatamatu | [kannatamatu] |
| curioso | uudishimulik | [u:dishimulik] |
| curiosidade (f) | uudishimu | [u:dishimu] |

| modéstia (f) | tagasihoidlikkus | [tagasihojtlikkus] |
|---|---|---|
| modesto | tagasihoidlik | [tagasihojtlik] |
| imodesto | taktitundetu | [taktitundetu] |

| preguiça (f) | laiskus | [laiskus] |
|---|---|---|
| preguiçoso | laisk | [laisk] |
| preguiçoso (m) | laiskvorst | [laiskuorsit] |

| astúcia (f) | kavalus | [kaʋalus] |
|---|---|---|
| astuto | kaval | [kaʋalʲ] |
| desconfiança (f) | umbusaldus | [umbusalʲdus] |
| desconfiado | umbusklik | [umbusklik] |

| generosidade (f) | heldus | [helʲdus] |
|---|---|---|
| generoso | helde | [helʲde] |
| talentoso | andekas | [andekas] |
| talento (m) | anne | [anne] |

| corajoso | julge | [julʲge] |
|---|---|---|
| coragem (f) | julgus | [julʲgus] |
| honesto | aus | [aus] |
| honestidade (f) | ausus | [ausus] |

| prudente | ettevaatlik | [etteʋa:tlik] |
|---|---|---|
| valente | vapper | [ʋapper] |

| sério | tõsine | [tɜsine] |
|---|---|---|
| severo | range | [range] |

| decidido | otsustav | [otsusˈtaʊ] |
|---|---|---|
| indeciso | kõhklev | [kɜhkleʊ] |
| tímido | kartlik | [kartlik] |
| timidez (f) | kartlikkus | [kartlikkus] |

| confiança (f) | usaldus | [usalˈdus] |
|---|---|---|
| confiar (vt) | usaldama | [usalˈdama] |
| crédulo | usaldav | [usalˈdaʊ] |

| sinceramente | siiralt | [siːralˈt] |
|---|---|---|
| sincero | siiras | [siːras] |
| sinceridade (f) | siirus | [siːrus] |
| aberto | aval | [aʊalʲ] |

| calmo | vaikne | [ʊaikne] |
|---|---|---|
| franco | avameelne | [aʊameːlʲne] |
| ingénuo | naiivne | [naiːʊne] |
| distraído | hajameelne | [hajameːlʲne] |
| engraçado | naljakas | [naljakas] |

| ganância (f) | ahnus | [ahnus] |
|---|---|---|
| ganancioso | ahne | [ahne] |
| avarento | kitsi | [kitsi] |
| mau | kuri | [kuri] |
| teimoso | kangekaelne | [kangekaelʲne] |
| desagradável | ebameeldiv | [ebameːlʲdiʊ] |

| egoísta (m) | egoist | [egoisˈt] |
|---|---|---|
| egoísta | egoistlik | [egoisˈtlik] |
| cobarde (m) | argpüks | [argpʉks] |
| cobarde | arg | [arg] |

## 60. O sono. Sonhos

| dormir (vi) | magama | [magama] |
|---|---|---|
| sono (m) | uni | [uni] |
| sonho (m) | unenägu | [unenægu] |
| sonhar (vi) | und nägema | [unt nægema] |
| sonolento | unine | [unine] |

| cama (f) | voodi | [ʊoːdi] |
|---|---|---|
| colchão (m) | madrats | [madrats] |
| cobertor (m) | tekk | [tekk] |
| almofada (f) | padi | [padi] |
| lençol (m) | voodilina | [ʊoːdilina] |

| insónia (f) | unetus | [unetus] |
|---|---|---|
| insone | unetu | [unetu] |
| sonífero (m) | unerohi | [unerohi] |
| tomar um sonífero | unerohtu võtma | [unerohtu ʊɜtma] |
| estar sonolento | magada tahtma | [magada tahtma] |

| | | |
|---|---|---|
| bocejar (vi) | haigutama | [haigutama] |
| ir para a cama | magama minema | [magama minema] |
| fazer a cama | voodit üles tegema | [ʋoːdit üles tegema] |
| adormecer (vi) | magama jääma | [magama jæːma] |

| | | |
|---|---|---|
| pesadelo (m) | õudusunenägu | [ɜudusunenægu] |
| ronco (m) | norskamine | [norskamine] |
| roncar (vi) | norskama | [norskama] |

| | | |
|---|---|---|
| despertador (m) | äratuskell | [æratuskelʲ] |
| acordar, despertar (vt) | äratama | [æratama] |
| acordar (vi) | ärkama | [ærkama] |
| levantar-se (vr) | üles tõusma | [üles tɜusma] |
| lavar-se (vr) | nägu pesema | [nægu pesema] |

## 61. Humor. Riso. Alegria

| | | |
|---|---|---|
| humor (m) | huumor | [huːmor] |
| sentido (m) de humor | huumorimeel | [huːmorimeːlʲ] |
| divertir-se (vr) | lõbutsema | [lɜbutsema] |
| alegre | lõbus | [lɜbus] |
| alegria (f) | lust | [lusʲt] |

| | | |
|---|---|---|
| sorriso (m) | naeratus | [naeratus] |
| sorrir (vi) | naeratama | [naeratama] |
| começar a rir | naerma hakkama | [naerma hakkama] |
| rir (vi) | naerma | [naerma] |
| riso (m) | naer | [naer] |

| | | |
|---|---|---|
| anedota (f) | anekdoot | [anekdoːt] |
| engraçado | naljakas | [naljakas] |
| ridículo | naljakas | [naljakas] |

| | | |
|---|---|---|
| brincar, fazer piadas | nalja tegema | [nalja tegema] |
| piada (f) | nali | [nali] |
| alegria (f) | rõõm | [rɜːm] |
| regozijar-se (vr) | rõõmustama | [rɜːmusʲtama] |
| alegre | rõõmus | [rɜːmus] |

## 62. Discussão, conversação. Parte 1

| | | |
|---|---|---|
| comunicação (f) | suhtlemine | [suhtlemine] |
| comunicar-se (vr) | suhtlema | [suhtlema] |

| | | |
|---|---|---|
| conversa (f) | vestlus | [ʋesʲtlus] |
| diálogo (m) | dialoog | [dialoːg] |
| discussão (f) | diskussioon | [diskussioːn] |
| debate (m) | vaidlus | [ʋaitlus] |
| debater (vt) | vaidlema | [ʋaitlema] |

| | | |
|---|---|---|
| interlocutor (m) | vestluskaaslane | [ʋesʲtluskaːslane] |
| tema (m) | teema | [teːma] |

| ponto (m) de vista | seisukoht | [sejsukoht] |
|---|---|---|
| opinião (f) | arvamus | [arʋamus] |
| discurso (m) | kõne | [kɜne] |

| discussão (f) | arutelu | [arutelu] |
|---|---|---|
| discutir (vt) | arutama | [arutama] |
| conversa (f) | vestlus | [ʋesʲtlus] |
| conversar (vi) | vestlema | [ʋesʲtlema] |
| encontro (m) | kohtumine | [kohtumine] |
| encontrar-se (vr) | kohtuma | [kohtuma] |

| provérbio (m) | vanasõna | [ʋanasɜna] |
|---|---|---|
| ditado (m) | kõnekäänd | [kɜnekæ:nt] |
| adivinha (f) | mõistatus | [mɜisʲtatus] |
| dizer uma adivinha | mõistatust andma | [mɜisʲtatusʲt andma] |
| senha (f) | parool | [paro:lʲ] |
| segredo (m) | saladus | [saladus] |

| juramento (m) | tõotus | [tɜotus] |
|---|---|---|
| jurar (vi) | tõotama | [tɜotama] |
| promessa (f) | lubadus | [lubadus] |
| prometer (vt) | lubama | [lubama] |

| conselho (m) | nõu | [nɜu] |
|---|---|---|
| aconselhar (vt) | soovitama | [so:ʋitama] |
| seguir o conselho | järgima nõuannet | [jærgima nɜuannet] |
| escutar (~ os conselhos) | sõna kuulma | [sɜna ku:lʲma] |

| novidade, notícia (f) | uudis | [u:dis] |
|---|---|---|
| sensação (f) | sensatsioon | [sensatsio:n] |
| informação (f) | andmed | [andmet] |
| conclusão (f) | kokkuvõte | [kokkuʋɜte] |
| voz (f) | hääl | [hæ:lʲ] |
| elogio (m) | kompliment | [kompliment] |
| amável | armastusväärne | [armasʲtusʋæ:rne] |

| palavra (f) | sõna | [sɜna] |
|---|---|---|
| frase (f) | väljend | [ʋæljent] |
| resposta (f) | vastus | [ʋasʲtus] |

| verdade (f) | tõde | [tɜde] |
|---|---|---|
| mentira (f) | vale | [ʋale] |

| pensamento (m) | mõte | [mɜte] |
|---|---|---|
| ideia (f) | idee, mõte | [ide:, mɜte] |
| fantasia (f) | väljamõeldis | [ʋæljamɜelʲdis] |

## 63. Discussão, conversação. Parte 2

| estimado | austatud | [ausʲtatut] |
|---|---|---|
| respeitar (vt) | austama | [ausʲtama] |
| respeito (m) | austus | [ausʲtus] |
| Estimado ..., Caro ... | Lugupeetud ... | [lugupe:tut ...] |
| apresentar (vt) | tutvustama | [tutʋusʲtama] |

| | | |
|---|---|---|
| travar conhecimento | tutvuma | [tutʊuma] |
| intenção (f) | kavatsus | [kaʋatsus] |
| tencionar (vt) | kavatsema | [kaʋatsema] |
| desejo (m) | soov | [so:ʊ] |
| desejar (ex. ~ boa sorte) | soovima | [so:ʋima] |
| | | |
| surpresa (f) | imestus | [imesʲtus] |
| surpreender (vt) | üllatama | [ʉlʲætama] |
| surpreender-se (vr) | imestama | [imesʲtama] |
| | | |
| dar (vt) | andma | [andma] |
| pegar (tomar) | võtma | [ʊɜtma] |
| devolver (vt) | tagastama | [tagasʲtama] |
| retornar (vt) | tagasi andma | [tagasi andma] |
| | | |
| desculpar-se (vr) | vabandama | [ʋabandama] |
| desculpa (f) | vabandus | [ʋabandus] |
| perdoar (vt) | andeks andma | [andeks andma] |
| | | |
| falar (vi) | rääkima | [ræ:kima] |
| escutar (vt) | kuulama | [ku:lama] |
| ouvir até o fim | ära kuulama | [æra ku:lama] |
| compreender (vt) | mõistma | [mɜisʲtma] |
| | | |
| mostrar (vt) | näitama | [næjtama] |
| olhar para ... | ... vaatama | [... ʊa:tama] |
| chamar (dizer em voz alta o nome) | kutsuma | [kutsuma] |
| distrair (vt) | häirida | [hæjrida] |
| perturbar (vt) | tülitama | [tʉlitama] |
| entregar (~ em mãos) | üle andma | [ʉle andma] |
| | | |
| pedido (m) | palve | [palʲʊe] |
| pedir (ex. ~ ajuda) | paluma | [paluma] |
| exigência (f) | nõue | [nɜue] |
| exigir (vt) | nõudma | [nɜudma] |
| | | |
| chamar nomes (vt) | narrima | [narrima] |
| zombar (vt) | pilkama | [pilʲkama] |
| zombaria (f) | pilge | [pilʲge] |
| alcunha (f) | hüüdnimi | [hʉ:dnimi] |
| | | |
| insinuação (f) | vihje | [ʊihje] |
| insinuar (vt) | vihjama | [ʊihjama] |
| subentender (vt) | silmas pidama | [silʲmas pidama] |
| | | |
| descrição (f) | kirjeldus | [kirjelʲdus] |
| descrever (vt) | kirjeldama | [kirjelʲdama] |
| elogio (m) | kiitus | [ki:tus] |
| elogiar (vt) | kiitma | [ki:tma] |
| | | |
| desapontamento (m) | pettumus | [pettumus] |
| desapontar (vt) | petma | [petma] |
| desapontar-se (vr) | pettuma | [pettuma] |
| suposição (f) | eeldus | [e:lʲdus] |
| supor (vt) | eeldama | [e:lʲdama] |

| advertência (f) | hoiatus | [hojatus] |
|---|---|---|
| advertir (vt) | hoiatama | [hojatama] |

## 64. Discussão, conversação. Parte 3

| convencer (vt) | veenma | [ʋe:nma] |
|---|---|---|
| acalmar (vt) | rahustama | [rahusʲtama] |

| silêncio (o ~ é de ouro) | vaikimine | [ʋaikimine] |
|---|---|---|
| ficar em silêncio | vaikima | [ʋaikima] |
| sussurrar (vt) | sosistama | [sosisʲtama] |
| sussurro (m) | sosin | [sosin] |

| francamente | avameelselt | [aʋame:lʲselʲt] |
|---|---|---|
| a meu ver ... | minu arvates ... | [minu arʋates ...] |

| detalhe (~ da história) | üksikasi | [ʉksikasi] |
|---|---|---|
| detalhado | üksikasjalik | [ʉksikasjalik] |
| detalhadamente | üksikasjalikult | [ʉksikasjalikulʲt] |

| dica (f) | etteütlemine | [etteʉtlemine] |
|---|---|---|
| dar uma dica | ette ütlema | [ette ʉtlema] |

| olhar (m) | pilk | [pilʲk] |
|---|---|---|
| dar uma vista de olhos | pilku heitma | [pilʲku hejtma] |
| fixo (olhar ~) | liikumatu | [li:kumatu] |
| piscar (vi) | pilgutama | [pilʲgutama] |
| pestanejar (vt) | pilgutama | [pilʲgutama] |
| acenar (com a cabeça) | noogutama | [no:gutama] |

| suspiro (m) | ohe | [ohe] |
|---|---|---|
| suspirar (vi) | ohkama | [ohkama] |
| estremecer (vi) | võpatama | [ʋɜpatama] |
| gesto (m) | žest | [ʒesʲt] |
| tocar (com as mãos) | puudutama | [pu:dutama] |
| agarrar (~ pelo braço) | haarama | [ha:rama] |
| bater de leve | patsutama | [patsutama] |

| Cuidado! | Ettevaatust! | [etteʋa:tusʲt!] |
|---|---|---|
| A sério? | Kas tõesti? | [kas tɜesʲti?] |
| Tem certeza? | Oled sa kindel? | [olet sa kindel?] |
| Boa sorte! | Õnn kaasa! | [ɜnn ka:sa!] |
| Compreendi! | Selge! | [selʲge!] |
| Que pena! | Kahju! | [kahju!] |

## 65. Acordo. Recusa

| consentimento (~ mútuo) | nõusolek | [nɜusolek] |
|---|---|---|
| consentir (vi) | nõustuma | [nɜusʲtuma] |
| aprovação (f) | heakskiitmine | [heakski:tmine] |
| aprovar (vt) | heaks kiitma | [heaks ki:tma] |
| recusa (f) | keeldumine | [ke:lʲdumine] |

| | | |
|---|---|---|
| negar-se (vt) | keelduma | [ke:lʲduma] |
| Está ótimo! | Suurepärane! | [su:repærane!] |
| Muito bem! | Hästi! | [hæsʲti!] |
| Está bem! De acordo! | Hea küll! | [hea kʉlʲ!] |

| | | |
|---|---|---|
| proibido | keelatud | [ke:latut] |
| é proibido | ei tohi | [ej tohi] |
| é impossível | võimatu | [ʋɜimatu] |
| incorreto | vale | [ʋale] |

| | | |
|---|---|---|
| rejeitar (~ um pedido) | tagasi lükkama | [tagasi lʉkkama] |
| apoiar (vt) | toetama | [toetama] |
| aceitar (desculpas, etc.) | vastu võtma | [ʋasʲtu ʋɜtma] |

| | | |
|---|---|---|
| confirmar (vt) | kinnitama | [kinnitama] |
| confirmação (f) | kinnitus | [kinnitus] |
| permissão (f) | luba | [luba] |
| permitir (vt) | lubama | [lubama] |
| decisão (f) | otsus | [otsus] |
| não dizer nada | vaikima | [ʋaikima] |

| | | |
|---|---|---|
| condição (com uma ~) | tingimus | [tingimus] |
| pretexto (m) | ettekääne | [ettekæ:ne] |
| elogio (m) | kiitus | [ki:tus] |
| elogiar (vt) | kiitma | [ki:tma] |

## 66. Sucesso. Boa sorte. Insucesso

| | | |
|---|---|---|
| êxito, sucesso (m) | edu | [edu] |
| com êxito | edukalt | [edukalʲt] |
| bem sucedido | edukas | [edukas] |

| | | |
|---|---|---|
| sorte (fortuna) | vedamine | [ʋedamine] |
| Boa sorte! | Õnn kaasa! | [ɜnn ka:sa!] |
| de sorte | õnnestunud | [ɜnnesʲtunut] |
| sortudo, felizardo | õnneseen | [ɜnnese:n] |

| | | |
|---|---|---|
| fracasso (m) | äpardus | [æpardus] |
| pouca sorte (f) | ebaõnn | [ebaɜnn] |
| azar (m), má sorte (f) | ebaõnnestumine | [ebaɜnnesʲtumine] |

| | | |
|---|---|---|
| mal sucedido | ebaõnnestunud | [ebaɜnnesʲtunut] |
| catástrofe (f) | katastroof | [katasʲtro:f] |

| | | |
|---|---|---|
| orgulho (m) | uhkus | [uhkus] |
| orgulhoso | uhke | [uhke] |
| estar orgulhoso | uhkust tundma | [uhkusʲt tundma] |

| | | |
|---|---|---|
| vencedor (m) | võitja | [ʋɜitja] |
| vencer (vi) | võitma | [ʋɜitma] |
| perder (vt) | kaotama | [kaotama] |
| tentativa (f) | katse | [katse] |
| tentar (vt) | püüdma | [pʉ:dma] |
| chance (m) | šanss | [ʃanss] |

## 67. Conflitos. Emoções negativas

| grito (m) | karje | [karje] |
| gritar (vi) | karjuma | [karjuma] |
| começar a gritar | karjuma hakkama | [karjuma hakkama] |

| discussão (f) | tüli | [tɐli] |
| discutir (vt) | tülitsema | [tɐlitsema] |
| escândalo (m) | skandaal | [skanda:lʲ] |
| criar escândalo | skandaali tegema | [skanda:li tegema] |
| conflito (m) | konflikt | [konflikt] |
| mal-entendido (m) | arusaamatus | [arusa:matus] |

| insulto (m) | solvamine | [solʲʋamine] |
| insultar (vt) | solvama | [solʲʋama] |
| insultado | solvatud | [solʲʋatut] |
| ofensa (f) | solvumine | [solʲʋumine] |
| ofender (vt) | solvama | [solʲʋama] |
| ofender-se (vr) | solvuma | [solʲʋuma] |

| indignação (f) | pahameel | [pahame:lʲ] |
| indignar-se (vr) | pahane olema | [pahane olema] |
| queixa (f) | kaebus | [kaebus] |
| queixar-se (vr) | kaebama | [kaebama] |

| desculpa (f) | vabandus | [ʋabandus] |
| desculpar-se (vr) | vabandama | [ʋabandama] |
| pedir perdão | andeks paluma | [andeks paluma] |

| crítica (f) | kriitika | [kri:tika] |
| criticar (vt) | kritiseerima | [kritise:rima] |
| acusação (f) | süüdistus | [sɐ:disʲtus] |
| acusar (vt) | süüdistama | [sɐ:disʲtama] |

| vingança (f) | kättemaks | [kættemaks] |
| vingar (vt) | kätte maksma | [kætte maksma] |
| vingar-se (vr) | kätte maksma | [kætte maksma] |

| desprezo (m) | põlgus | [pɔlʲgus] |
| desprezar (vt) | põlgama | [pɔlʲgama] |
| ódio (m) | viha | [ʋiha] |
| odiar (vt) | vihkama | [ʋihkama] |

| nervoso | närviline | [nærʋiline] |
| estar nervoso | närveerima | [nærʋe:rima] |
| zangado | vihane | [ʋihane] |
| zangar (vt) | vihale ajama | [ʋihale ajama] |

| humilhação (f) | alandus | [alandus] |
| humilhar (vt) | alandama | [alandama] |
| humilhar-se (vr) | alandust taluma | [alandusʲt taluma] |

| choque (m) | šokk | [ʃokk] |
| chocar (vt) | šokeerima | [ʃoke:rima] |
| aborrecimento (m) | ebameeldivus | [ebame:lʲdiʋus] |

| desagradável | ebameeldiv | [ebame:lᵈdiʋ] |
| medo (m) | hirm | [hirm] |
| terrível (tempestade, etc.) | hirmus | [hirmus] |
| assustador (ex. história ~a) | kole | [kole] |
| horror (m) | õudus | [ɜudus] |
| horrível (crime, etc.) | õudne | [ɜudne] |

| começar a tremer | värisema hakkama | [ʋærisema hakkama] |
| chorar (vi) | nutma | [nutma] |
| começar a chorar | nutma hakkama | [nutma hakkama] |
| lágrima (f) | pisar | [pisar] |

| falta (f) | süü | [sʉ:] |
| culpa (f) | süütunne | [sʉ:tunne] |
| desonra (f) | häbi | [hæbi] |
| protesto (m) | protest | [protesᵈt] |
| stresse (m) | stress | [sˡtress] |

| perturbar (vt) | segama | [segama] |
| zangar-se com … | vihastama | [ʋihasˡtama] |
| zangado | vihane | [ʋihane] |
| terminar (vt) | katkestama | [katkesˡtama] |
| praguejar | sõimama | [sɜimama] |

| assustar-se | ehmuma | [ehmuma] |
| golpear (vt) | lööma | [lø:ma] |
| brigar (na rua, etc.) | kaklema | [kaklema] |

| resolver (o conflito) | korda ajama | [korda ajama] |
| descontente | rahulolematu | [rahulolematu] |
| furioso | raevukas | [raeʋukas] |

| Não está bem! | See ei ole hea! | [se: ej ole hea!] |
| É mau! | See on halb! | [se: on halˡb!] |

# Medicina

## 68. Doenças

| | | |
|---|---|---|
| doença (f) | haigus | [haigus] |
| estar doente | haige olema | [haige olema] |
| saúde (f) | tervis | [teruis] |

| | | |
|---|---|---|
| nariz (m) a escorrer | nohu | [nohu] |
| amigdalite (f) | angiin | [angi:n] |
| constipação (f) | külmetus | [kʉlʲmetus] |
| constipar-se (vr) | külmetuma | [kʉlʲmetuma] |

| | | |
|---|---|---|
| bronquite (f) | bronhiit | [bronhi:t] |
| pneumonia (f) | kopsupõletik | [kopsupɜletik] |
| gripe (f) | gripp | [gripp] |

| | | |
|---|---|---|
| míope | lühinägelik | [lʉhinægelik] |
| presbita | kaugenägelik | [kaugenægelik] |
| estrabismo (m) | kõõrdsilmsus | [kɜ:rdsilʲmsus] |
| estrábico | kõõrdsilmne | [kɜ:rdsilʲmne] |
| catarata (f) | katarakt | [katarakt] |
| glaucoma (m) | glaukoom | [glauko:m] |

| | | |
|---|---|---|
| AVC (m), apoplexia (f) | insult | [insulʲt] |
| ataque (m) cardíaco | infarkt | [infarkt] |
| enfarte (m) do miocárdio | müokardi infarkt | [mʉokardi infarkt] |
| paralisia (f) | halvatus | [halʲuatus] |
| paralisar (vt) | halvama | [halʲuama] |

| | | |
|---|---|---|
| alergia (f) | allergia | [alʲergia] |
| asma (f) | astma | [asʲtma] |
| diabetes (f) | diabeet | [diabe:t] |

| | | |
|---|---|---|
| dor (f) de dentes | hambavalu | [hambaualu] |
| cárie (f) | kaaries | [ka:ries] |

| | | |
|---|---|---|
| diarreia (f) | kõhulahtisus | [kɜhulahtisus] |
| prisão (f) de ventre | kõhukinnisus | [kɜhukinnisus] |
| desarranjo (m) intestinal | kõhulahtisus | [kɜhulahtisus] |
| intoxicação (f) alimentar | mürgitus | [mʉrgitus] |
| intoxicar-se | mürgitust saama | [mʉrgitusʲt sa:ma] |

| | | |
|---|---|---|
| artrite (f) | artriit | [artri:t] |
| raquitismo (m) | rahhiit | [rahhi:t] |
| reumatismo (m) | reuma | [reuma] |
| arteriosclerose (f) | ateroskleroos | [ateросklero:s] |

| | | |
|---|---|---|
| gastrite (f) | gastriit | [gasʲtri:t] |
| apendicite (f) | apenditsiit | [apenditsi:t] |

| colecistite (f) | koletsüstiit | [koletsɐsʲtiːt] |
| úlcera (f) | haavand | [haːʋant] |

| sarampo (m) | leetrid | [leːtrit] |
| rubéola (f) | punetised | [punetiset] |
| iterícia (f) | kollatõbi | [kolʲætɜbi] |
| hepatite (f) | hepatiit | [hepatiːt] |

| esquizofrenia (f) | skisofreenia | [skisofreːnia] |
| raiva (f) | marutaud | [marutaut] |
| neurose (f) | neuroos | [neuroːs] |
| comoção (f) cerebral | ajuvapustus | [ajuʋapusʲtus] |

| cancro (m) | vähk | [ʋæhk] |
| esclerose (f) | skleroos | [skleroːs] |
| esclerose (f) múltipla | hajameelne skleroos | [hajameːlʲne skleroːs] |

| alcoolismo (m) | alkoholism | [alʲkoholism] |
| alcoólico (m) | alkohoolik | [alʲkohoːlik] |
| sífilis (f) | süüfilis | [sɐːfilis] |
| SIDA (f) | AIDS | [aids] |

| tumor (m) | kasvaja | [kasʋaja] |
| maligno | pahaloomuline | [pahaloːmuline] |
| benigno | healoomuline | [healoːmuline] |

| febre (f) | palavik | [palaʋik] |
| malária (f) | malaaria | [malaːria] |
| gangrena (f) | gangreen | [gangreːn] |
| enjoo (m) | merehaigus | [merehaigus] |
| epilepsia (f) | epilepsia | [epilepsia] |

| epidemia (f) | epideemia | [epideːmia] |
| tifo (m) | tüüfus | [tɐːfus] |
| tuberculose (f) | tuberkuloos | [tuberkuloːs] |
| cólera (f) | koolera | [koːlera] |
| peste (f) | katk | [katk] |

## 69. Sintomas. Tratamentos. Parte 1

| sintoma (m) | sümptom | [sɐmptom] |
| temperatura (f) | temperatuur | [temperatuːr] |
| febre (f) | kõrge palavik | [kɜrge palaʋik] |
| pulso (m) | pulss | [pulʲss] |

| vertigem (f) | peapööritus | [peapøːritus] |
| quente (testa, etc.) | kuum | [kuːm] |
| calafrio (m) | vappekülm | [ʋappekɐlʲm] |
| pálido | kahvatu | [kahʋatu] |

| tosse (f) | köha | [køha] |
| tossir (vi) | köhima | [køhima] |
| espirrar (vi) | aevastama | [aeʋasʲtama] |
| desmaio (m) | minestus | [minesʲtus] |

| desmaiar (vi) | teadvust kaotama | [teaduus't kaotama] |
| nódoa (f) negra | sinikas | [sinikas] |
| galo (m) | muhk | [muhk] |
| magoar-se (vr) | ära lööma | [æra lø:ma] |
| pisadura (f) | haiget saanud koht | [haiget sa:nut koht] |
| aleijar-se (vr) | haiget saama | [haiget sa:ma] |

| coxear (vi) | lonkama | [lonkama] |
| deslocação (f) | nihestus | [nihes'tus] |
| deslocar (vt) | nihestama | [nihes'tama] |
| fratura (f) | luumurd | [lu:murt] |
| fraturar (vt) | luud murdma | [lu:t murdma] |

| corte (m) | lõikehaav | [lɜikeha:ʋ] |
| cortar-se (vr) | endale sisse lõikama | [endale sisse lɜikama] |
| hemorragia (f) | verejooks | [ʋerejo:ks] |

| queimadura (f) | põletushaav | [pɜletusha:ʋ] |
| queimar-se (vr) | end ära põletama | [ent æra pɜletama] |

| picar (vt) | torkama | [torkama] |
| picar-se (vr) | end torkama | [ent torkama] |
| lesionar (vt) | kergelt haavama | [kergel't ha:ʋama] |
| lesão (m) | vigastus | [ʋigas'tus] |
| ferida (f), ferimento (m) | haav | [ha:ʋ] |
| trauma (m) | trauma | [trauma] |

| delirar (vi) | sonima | [sonima] |
| gaguejar (vi) | kokutama | [kokutama] |
| insolação (f) | päiksepiste | [pæjksepis'te] |

## 70. Sintomas. Tratamentos. Parte 2

| dor (f) | valu | [ʋalu] |
| farpa (no dedo) | pind | [pint] |

| suor (m) | higi | [higi] |
| suar (vi) | higistama | [higis'tama] |
| vómito (m) | okse | [okse] |
| convulsões (f pl) | krambid | [krambit] |

| grávida | rase | [rase] |
| nascer (vi) | sündima | [sʉndima] |
| parto (m) | sünnitus | [sʉnnitus] |
| dar à luz | sünnitama | [sʉnnitama] |
| aborto (m) | abort | [abort] |

| respiração (f) | hingamine | [hingamine] |
| inspiração (f) | sissehingamine | [sissehingamine] |
| expiração (f) | väljahingamine | [ʋæljahingamine] |
| expirar (vi) | välja hingama | [ʋælja hingama] |
| inspirar (vi) | sisse hingama | [sisse hingama] |
| inválido (m) | invaliid | [inʋali:t] |
| aleijado (m) | vigane | [ʋigane] |

| toxicodependente (m) | narkomaan | [narkoma:n] |
| surdo | kurt | [kurt] |
| mudo | tumm | [tumm] |
| surdo-mudo | kurttumm | [kurttumm] |

| louco (adj.) | hullumeelne | [hulʲume:lʲne] |
| louco (m) | vaimuhaige | [ʋaimuhaige] |
| louca (f) | vaimuhaige | [ʋaimuhaige] |
| ficar louco | hulluks minema | [hulʲuks minema] |

| gene (m) | geen | [ge:n] |
| imunidade (f) | immuniteet | [immunite:t] |
| hereditário | pärilik | [pærilik] |
| congénito | kaasasündinud | [ka:sasɯndinut] |

| vírus (m) | viirus | [ʋi:rus] |
| micróbio (m) | mikroob | [mikro:b] |
| bactéria (f) | bakter | [bakter] |
| infeção (f) | nakkus | [nakkus] |

## 71. Sintomas. Tratamentos. Parte 3

| hospital (m) | haigla | [haigla] |
| paciente (m) | patsient | [patsient] |

| diagnóstico (m) | diagnoos | [diagno:s] |
| cura (f) | iseravimine | [iseraʋimine] |
| tratamento (m) médico | ravimine | [raʋimine] |
| curar-se (vr) | ennast ravima | [ennasʲt raʋima] |
| tratar (vt) | ravima | [raʋima] |
| cuidar (pessoa) | hoolitsema | [ho:litsema] |
| cuidados (m pl) | hoolitsus | [ho:litsus] |

| operação (f) | operatsioon | [operatsio:n] |
| enfaixar (vt) | siduma | [siduma] |
| enfaixamento (m) | sidumine | [sidumine] |

| vacinação (f) | vaktsineerimine | [ʋaktsine:rimine] |
| vacinar (vt) | vaktsineerima | [ʋaktsine:rima] |
| injeção (f) | süst | [sɯsʲt] |
| dar uma injeção | süstima | [sɯsʲtima] |

| ataque (~ de asma, etc.) | haigushoog | [haigusho:g] |
| amputação (f) | amputeerimine | [ampute:rimine] |
| amputar (vt) | amputeerima | [ampute:rima] |
| coma (f) | kooma | [ko:ma] |
| estar em coma | koomas olema | [ko:mas olema] |
| reanimação (f) | reanimatsioon | [reanimatsio:n] |

| recuperar-se (vr) | terveks saama | [terʋeks sa:ma] |
| estado (~ de saúde) | seisund | [sejsunt] |
| consciência (f) | teadvus | [teadʋus] |
| memória (f) | mälu | [mælu] |
| tirar (vt) | hammast välja tõmbama | [hammasʲt ʋælja tɜmbama] |

| chumbo (m), obturação (f) | plomm | [plomm] |
| chumbar, obturar (vt) | plombeerima | [plombe:rima] |

| hipnose (f) | hüpnoos | [hʉpno:s] |
| hipnotizar (vt) | hüpnotiseerima | [hʉpnotise:rima] |

## 72. Médicos

| médico (m) | arst | [arsʲt] |
| enfermeira (f) | medõde | [medɜde] |
| médico (m) pessoal | isiklik arst | [isiklik arsʲt] |

| dentista (m) | hambaarst | [hamba:rsʲt] |
| oculista (m) | silmaarst | [silʲma:rsʲt] |
| terapeuta (m) | sisearst | [sisearsʲt] |
| cirurgião (m) | kirurg | [kirurg] |

| psiquiatra (m) | psühhiaater | [psʉhhia:ter] |
| pediatra (m) | lastearst | [lasʲtearsʲt] |
| psicólogo (m) | psühholoog | [psʉhholo:g] |
| ginecologista (m) | naistearst | [naisʲtearsʲt] |
| cardiologista (m) | kardioloog | [kardiolo:g] |

## 73. Medicina. Drogas. Acessórios

| medicamento (m) | ravim | [raʋim] |
| remédio (m) | vahend | [ʋahent] |
| receitar (vt) | välja kirjutama | [ʋælja kirjutama] |
| receita (f) | retsept | [retsept] |

| comprimido (m) | tablett | [tablett] |
| pomada (f) | salv | [salʲʋ] |
| ampola (f) | ampull | [ampulʲ] |
| preparado (m) | mikstuur | [miksʲtu:r] |
| xarope (m) | siirup | [si:rup] |
| cápsula (f) | pill | [pilʲ] |
| remédio (m) em pó | pulber | [pulʲber] |

| ligadura (f) | side | [side] |
| algodão (m) | vatt | [ʋatt] |
| iodo (m) | jood | [jo:t] |

| penso (m) rápido | plaaster | [pla:sʲter] |
| conta-gotas (m) | pipett | [pipett] |
| termómetro (m) | kraadiklaas | [kra:dikla:s] |
| seringa (f) | süstal | [sʉsʲtalʲ] |

| cadeira (f) de rodas | invaliidikäru | [inʋali:dikæru] |
| muletas (f pl) | kargud | [kargut] |

| analgésico (m) | valuvaigisti | [ʋaluʋaigisʲti] |
| laxante (m) | kõhulahtisti | [kɜhulahtisʲti] |

| álcool (m) etílico | piiritus | [pi:ritus] |
|---|---|---|
| ervas (f pl) medicinais | maarohud | [ma:rohut] |
| de ervas (chá ~) | maarohtudest | [ma:rohtudesʲt] |

## 74. Fumar. Produtos tabágicos

| tabaco (m) | tubakas | [tubakas] |
|---|---|---|
| cigarro (m) | sigarett | [sigarett] |
| charuto (m) | sigar | [sigar] |
| cachimbo (m) | piip | [pi:p] |
| maço (~ de cigarros) | suitsupakk | [suitsupakk] |

| fósforos (m pl) | tikud | [tikut] |
|---|---|---|
| caixa (f) de fósforos | tikutoos | [tikuto:s] |
| isqueiro (m) | välgumihkel | [uælʲgumihkelʲ] |
| cinzeiro (m) | tuhatoos | [tuhato:s] |
| cigarreira (f) | portsigar | [portsigar] |

| boquilha (f) | munstükk | [munsʲtʉkk] |
|---|---|---|
| filtro (m) | filter | [filʲter] |

| fumar (vi, vt) | suitsetama | [suitsetama] |
|---|---|---|
| acender um cigarro | suitsetama hakkama | [suitsetama hakkama] |
| tabagismo (m) | suitsetamine | [suitsetamine] |
| fumador (m) | suitsetaja | [suitsetaja] |

| beata (f) | koni | [koni] |
|---|---|---|
| fumo (m) | suits | [suits] |
| cinza (f) | tuhk | [tuhk] |

# HABITAT HUMANO

## Cidade

### 75. Cidade. Vida na cidade

| | | |
|---|---|---|
| cidade (f) | linn | [linn] |
| capital (f) | pealinn | [pealinn] |
| aldeia (f) | küla | [kʉla] |
| mapa (m) da cidade | linnaplaan | [linnapla:n] |
| centro (m) da cidade | kesklinn | [kesklinn] |
| subúrbio (m) | linnalähedane asula | [linnalʲæhedane asula] |
| suburbano | linnalähedane | [linnalʲæhedane] |
| periferia (f) | äärelinn | [æ:relinn] |
| arredores (m pl) | ümbrus | [ʉmbrus] |
| quarteirão (m) | kvartal | [kʋartalʲ] |
| quarteirão (m) residencial | elamukvartal | [elamukʋartalʲ] |
| tráfego (m) | liiklus | [li:klus] |
| semáforo (m) | valgusfoor | [ʋalʲgusfo:r] |
| transporte (m) público | linnatransport | [linnatransport] |
| cruzamento (m) | ristmik | [risʲtmik] |
| passadeira (f) | ülekäik | [ʉlekæjk] |
| passagem (f) subterrânea | jalakäijate tunnel | [jalakæjjate tunnelʲ] |
| cruzar, atravessar (vt) | üle tänava minema | [ʉle tænaʋa minema] |
| peão (m) | jalakäija | [jalakæjja] |
| passeio (m) | kõnnitee | [kɔnnite:] |
| ponte (f) | sild | [silʲt] |
| margem (f) do rio | kaldapealne | [kalʲdapealʲne] |
| fonte (f) | purskkaev | [purskkaeʋ] |
| alameda (f) | allee | [alʲe:] |
| parque (m) | park | [park] |
| bulevar (m) | puiestee | [puiesʲte:] |
| praça (f) | väljak | [ʋæljak] |
| avenida (f) | prospekt | [prospekt] |
| rua (f) | tänav | [tænaʋ] |
| travessa (f) | põiktänav | [pɔiktænaʋ] |
| beco (m) sem saída | umbtänav | [umbtænaʋ] |
| casa (f) | maja | [maja] |
| edifício, prédio (m) | hoone | [ho:ne] |
| arranha-céus (m) | pilvelõhkuja | [pilʲʋelɔhkuja] |
| fachada (f) | fassaad | [fassa:t] |
| telhado (m) | katus | [katus] |

| janela (f) | aken | [aken] |
| arco (m) | võlv | [ʋɜlʲʋ] |
| coluna (f) | sammas | [sammas] |
| esquina (f) | nurk | [nurk] |

| montra (f) | vaateaken | [ʋaːteaken] |
| letreiro (m) | silt | [silʲt] |
| cartaz (m) | kuulutus | [kuːlutus] |
| cartaz (m) publicitário | reklaamiplakat | [rekla:miplakat] |
| painel (m) publicitário | reklaamikilp | [rekla:mikilʲp] |

| lixo (m) | prügi | [prʉgi] |
| cesta (f) do lixo | prügiurn | [prʉgiurn] |
| jogar lixo na rua | prahti maha viskama | [prahti maha ʋiskama] |
| aterro (m) sanitário | prügimägi | [prʉgimægi] |

| cabine (f) telefónica | telefoniputka | [telefoniputka] |
| candeeiro (m) de rua | laternapost | [laternaposʲt] |
| banco (m) | pink | [pink] |

| polícia (m) | politseinik | [politsejnik] |
| polícia (instituição) | politsei | [politsej] |
| mendigo (m) | kerjus | [kerjus] |
| sem-abrigo (m) | pätt | [pætt] |

## 76. Instituições urbanas

| loja (f) | kauplus | [kauplus] |
| farmácia (f) | apteek | [apte:k] |
| ótica (f) | optika | [optika] |
| centro (m) comercial | kaubanduskeskus | [kaubanduskeskus] |
| supermercado (m) | supermarket | [supermarket] |

| padaria (f) | leivapood | [lejʋapo:t] |
| padeiro (m) | pagar | [pagar] |
| pastelaria (f) | kondiitripood | [kondi:tripo:t] |
| mercearia (f) | toidupood | [tojdupo:t] |
| talho (m) | lihakarn | [lihakarn] |

| loja (f) de legumes | juurviljapood | [ju:rʋiljapo:t] |
| mercado (m) | turg | [turg] |

| café (m) | kohvik | [kohʋik] |
| restaurante (m) | restoran | [resʲtoran] |
| bar (m), cervejaria (f) | õllebaar | [ɜlʲeba:r] |
| pizzaria (f) | pitsabaar | [pitsaba:r] |

| salão (m) de cabeleireiro | juuksurisalong | [ju:ksurisalong] |
| correios (m pl) | postkontor | [posʲtkontor] |
| lavandaria (f) | keemiline puhastus | [ke:miline puhasʲtus] |
| estúdio (m) fotográfico | fotoateljee | [fotoatelje:] |

| sapataria (f) | kingapood | [kingapo:t] |
| livraria (f) | raamatukauplus | [ra:matukauplus] |

| | | |
|---|---|---|
| loja (f) de artigos de desporto | sporditarvete kauplus | [sporditaruete kauplus] |
| reparação (f) de roupa | riieteparandus | [ri:eteparandus] |
| aluguer (m) de roupa | riietelaenutus | [ri:etelaenutus] |
| aluguer (m) de filmes | filmilaenutus | [filimilaenutus] |
| | | |
| circo (m) | tsirkus | [tsirkus] |
| jardim (m) zoológico | loomaaed | [lo:ma:et] |
| cinema (m) | kino | [kino] |
| museu (m) | muuseum | [mu:seum] |
| biblioteca (f) | raamatukogu | [ra:matukogu] |
| | | |
| teatro (m) | teater | [teater] |
| ópera (f) | ooper | [o:per] |
| clube (m) noturno | ööklubi | [ø:klubi] |
| casino (m) | kasiino | [kasi:no] |
| | | |
| mesquita (f) | mošee | [moʃe:] |
| sinagoga (f) | sünagoog | [sʉnago:g] |
| catedral (f) | katedraal | [katedra:lʲ] |
| templo (m) | pühakoda | [pʉhakoda] |
| igreja (f) | kirik | [kirik] |
| | | |
| instituto (m) | instituut | [insʲtitu:t] |
| universidade (f) | ülikool | [ʉliko:lʲ] |
| escola (f) | kool | [ko:lʲ] |
| | | |
| prefeitura (f) | linnaosa valitsus | [linnaosa ualitsus] |
| câmara (f) municipal | linnavalitsus | [linnaualitsus] |
| hotel (m) | hotell | [hotelʲ] |
| banco (m) | pank | [pank] |
| | | |
| embaixada (f) | suursaatkond | [su:rsa:tkont] |
| agência (f) de viagens | reisibüroo | [rejsibʉro:] |
| agência (f) de informações | teadete büroo | [teadete bʉro:] |
| casa (f) de câmbio | rahavahetus | [rahauahetus] |
| | | |
| metro (m) | metroo | [metro:] |
| hospital (m) | haigla | [haigla] |
| | | |
| posto (m) de gasolina | tankla | [tankla] |
| parque (m) de estacionamento | parkla | [parkla] |

## 77. Transportes urbanos

| | | |
|---|---|---|
| autocarro (m) | buss | [buss] |
| elétrico (m) | tramm | [tramm] |
| troleicarro (m) | troll | [trolʲ] |
| itinerário (m) | marsruut | [marsru:t] |
| número (m) | number | [number] |
| | | |
| ir de ... (carro, etc.) | ... sõitma | [... sɜitma] |
| entrar (~ no autocarro) | sisenema | [sisenema] |
| descer de ... | maha minema | [maha minema] |
| paragem (f) | peatus | [peatus] |

| próxima paragem (f) | järgmine peatus | [jærgmine peatus] |
| ponto (m) final | lõpp-peatus | [lɔpp-peatus] |
| horário (m) | sõiduplaan | [sɜidupla:n] |
| esperar (vt) | ootama | [o:tama] |

| bilhete (m) | pilet | [pilet] |
| custo (m) do bilhete | pileti hind | [pileti hint] |

| bilheteiro (m) | kassiir | [kassi:r] |
| controlo (m) dos bilhetes | piletikontroll | [piletikontrolʲ] |
| revisor (m) | kontrolör | [kontrolør] |

| atrasar-se (vr) | hilinema | [hilinema] |
| perder (o autocarro, etc.) | hiljaks jääma | [hiljaks jæ:ma] |
| estar com pressa | ruttama | [ruttama] |

| táxi (m) | takso | [takso] |
| taxista (m) | taksojuht | [taksojuht] |
| de táxi (ir ~) | taksoga | [taksoga] |
| praça (f) de táxis | taksopeatus | [taksopeatus] |
| chamar um táxi | taksot välja kutsuma | [taksot ʋælja kutsuma] |
| apanhar um táxi | taksot võtma | [taksot ʋɜtma] |

| tráfego (m) | tänavaliiklus | [tænaʋali:klus] |
| engarrafamento (m) | liiklusummik | [li:klusummik] |
| horas (f pl) de ponta | tipptund | [tipptunt] |
| estacionar (vi) | parkima | [parkima] |
| estacionar (vt) | parkima | [parkima] |
| parque (m) de estacionamento | parkla | [parkla] |

| metro (m) | metroo | [metro:] |
| estação (f) | jaam | [ja:m] |
| ir de metro | metrooga sõitma | [metro:ga sɜitma] |
| comboio (m) | rong | [rong] |
| estação (f) | raudteejaam | [raudte:ja:m] |

## 78. Turismo

| monumento (m) | mälestussammas | [mælesʲtussammas] |
| fortaleza (f) | kindlus | [kintlus] |
| palácio (m) | loss | [loss] |
| castelo (m) | loss | [loss] |
| torre (f) | torn | [torn] |
| mausoléu (m) | mausoleum | [mausoleum] |

| arquitetura (f) | arhitektuur | [arhitektu:r] |
| medieval | keskaegne | [keskaegne] |
| antigo | vanaaegne | [ʋana:egne] |
| nacional | rahvuslik | [rahʋuslik] |
| conhecido | tuntud | [tuntut] |

| turista (m) | turist | [turisʲt] |
| guia (pessoa) | giid | [gi:t] |
| excursão (f) | ekskursioon | [ekskursio:n] |

| mostrar (vt) | näitama | [næjtama] |
| contar (vt) | jutustama | [jutusˈtama] |

| encontrar (vt) | leidma | [lejdma] |
| perder-se (vr) | ära kaduma | [æra kaduma] |
| mapa (~ do metrô) | skeem | [ske:m] |
| mapa (~ da cidade) | plaan | [pla:n] |

| lembrança (f), presente (m) | suveniir | [suʋeni:r] |
| loja (f) de presentes | suveniirikauplus | [suʋeni:rikauplus] |
| fotografar (vt) | pildistama | [pilˈdisˈtama] |
| fotografar-se | laskma pildistada | [laskma pilˈdisˈtada] |

## 79. Compras

| comprar (vt) | ostma | [osˈtma] |
| compra (f) | ost | [osˈt] |
| fazer compras | oste tegema | [osˈte tegema] |
| compras (f pl) | šoppamine | [ʃoppamine] |

| estar aberta (loja, etc.) | lahti olema | [lahti olema] |
| estar fechada | kinni olema | [kinni olema] |

| calçado (m) | jalatsid | [jalatsit] |
| roupa (f) | riided | [ri:det] |
| cosméticos (m pl) | kosmeetika | [kosme:tika] |
| alimentos (m pl) | toiduained | [tojduainet] |
| presente (m) | kingitus | [kingitus] |

| vendedor (m) | müüja | [mʉ:ja] |
| vendedora (f) | müüja | [mʉ:ja] |

| caixa (f) | kassa | [kassa] |
| espelho (m) | peegel | [pe:gelʲ] |
| balcão (m) | lett | [lett] |
| cabine (f) de provas | proovikabiin | [pro:ʋikabi:n] |

| provar (vt) | selga proovima | [selʲga pro:ʋima] |
| servir (vi) | paras olema | [paras olema] |
| gostar (apreciar) | meeldima | [me:lʲdima] |

| preço (m) | hind | [hint] |
| etiqueta (f) de preço | hinnalipik | [hinnalipik] |
| custar (vt) | maksma | [maksma] |
| Quanto? | Kui palju? | [kui palju?] |
| desconto (m) | allahindlus | [alʲæhintlus] |

| não caro | odav | [odaʊ] |
| barato | odav | [odaʊ] |
| caro | kallis | [kalʲis] |
| É caro | See on kallis. | [se: on kalʲis] |

| aluguer (m) | laenutus | [laenutus] |
| alugar (vestidos, etc.) | laenutama | [laenutama] |

| crédito (m) | pangalaen | [pangalaen] |
|---|---|---|
| a crédito | krediiti võtma | [kredi:ti ʋɜtma] |

## 80. Dinheiro

| dinheiro (m) | raha | [raha] |
|---|---|---|
| câmbio (m) | vahetus | [ʋahetus] |
| taxa (f) de câmbio | kurss | [kurss] |
| Caixa Multibanco (m) | pangaautomaat | [panga:utoma:t] |
| moeda (f) | münt | [mʉnt] |

| dólar (m) | dollar | [dolʲær] |
|---|---|---|
| euro (m) | euro | [euro] |

| lira (f) | liir | [li:r] |
|---|---|---|
| marco (m) | mark | [mark] |
| franco (m) | frank | [frank] |
| libra (f) esterlina | naelsterling | [naelʲsʲterling] |
| iene (m) | jeen | [je:n] |

| dívida (f) | võlg | [ʋɜlʲg] |
|---|---|---|
| devedor (m) | võlgnik | [ʋɜlʲgnik] |
| emprestar (vt) | võlgu andma | [ʋɜlʲgu andma] |
| pedir emprestado | võlgu võtma | [ʋɜlʲgu ʋɜtma] |

| banco (m) | pank | [pank] |
|---|---|---|
| conta (f) | pangakonto | [pangakonto] |
| depositar (vt) | panema | [panema] |
| depositar na conta | arvele panema | [arʋele panema] |
| levantar (vt) | arvelt võtma | [arʋelʲt ʋɜtma] |

| cartão (m) de crédito | krediidikaart | [kredi:dika:rt] |
|---|---|---|
| dinheiro (m) vivo | sularaha | [sularaha] |
| cheque (m) | tšekk | [tʃekk] |
| passar um cheque | tšekki välja kirjutama | [tʃekki ʋælja kirjutama] |
| livro (m) de cheques | tšekiraamat | [tʃekira:mat] |

| carteira (f) | rahatasku | [rahatasku] |
|---|---|---|
| porta-moedas (m) | rahakott | [rahakott] |
| cofre (m) | seif | [sejf] |

| herdeiro (m) | pärija | [pærija] |
|---|---|---|
| herança (f) | pärandus | [pærandus] |
| fortuna (riqueza) | varandus | [ʋarandus] |

| arrendamento (m) | rent | [rent] |
|---|---|---|
| renda (f) de casa | korteriüür | [korteriʉ:r] |
| alugar (vt) | üürima | [ʉ:rima] |

| preço (m) | hind | [hint] |
|---|---|---|
| custo (m) | maksumus | [maksumus] |
| soma (f) | summa | [summa] |
| gastar (vt) | raiskama | [raiskama] |
| gastos (m pl) | kulutused | [kulutuset] |

| economizar (vi) | kokku hoidma | [kokku hojdma] |
| economico | kokkuhoidlik | [kokkuhojtlik] |

| pagar (vt) | tasuma | [tasuma] |
| pagamento (m) | maksmine | [maksmine] |
| troco (m) | tagasiantav raha | [tagasiantav raha] |

| imposto (m) | maks | [maks] |
| multa (f) | trahv | [trahʋ] |
| multar (vt) | trahvima | [trahʋima] |

## 81. Correios. Serviço postal

| correios (m pl) | postkontor | [posʲtkontor] |
| correio (m) | post | [posʲt] |
| carteiro (m) | postiljon | [posʲtiljon] |
| horário (m) | töötunnid | [tø:tunnit] |

| carta (f) | kiri | [kiri] |
| carta (f) registada | tähitud kiri | [tæhitut kiri] |
| postal (m) | postkaart | [posʲtka:rt] |
| telegrama (m) | telegramm | [telegramm] |
| encomenda (f) postal | pakk | [pakk] |
| remessa (f) de dinheiro | rahaülekanne | [rahaʉlekanne] |

| receber (vt) | kätte saama | [kætte sa:ma] |
| enviar (vt) | saatma | [sa:tma] |
| envio (m) | saatmine | [sa:tmine] |

| endereço (m) | aadress | [a:dress] |
| código (m) postal | indeks | [indeks] |
| remetente (m) | saatja | [sa:tja] |
| destinatário (m) | saaja | [sa:ja] |

| nome (m) | eesnimi | [e:snimi] |
| apelido (m) | perekonnanimi | [perekonnanimi] |

| tarifa (f) | tariif | [tari:f] |
| ordinário | harilik | [harilik] |
| económico | soodustariif | [so:dusʲtari:f] |

| peso (m) | kaal | [ka:lʲ] |
| pesar (estabelecer o peso) | kaaluma | [ka:luma] |
| envelope (m) | ümbrik | [ʉmbrik] |
| selo (m) | mark | [mark] |
| colar o selo | marki peale kleepima | [marki peale kle:pima] |

# Moradia. Casa. Lar

## 82. Casa. Habitação

| | | |
|---|---|---|
| casa (f) | maja | [maja] |
| em casa | kodus | [kodus] |
| pátio (m) | õu | [ɜu] |
| cerca (f) | tara | [tara] |
| tijolo (m) | telliskivi | [telʲiskiʋi] |
| de tijolos | telliskivist | [telʲiskiʋisʲt] |
| pedra (f) | kivi | [kiʋi] |
| de pedra | kivist | [kiʋisʲt] |
| betão (m) | betoon | [beto:n] |
| de betão | betoonist | [beto:nisʲt] |
| novo | uus | [u:s] |
| velho | vana | [ʋana] |
| decrépito | kõdunenud | [kɜdunenut] |
| moderno | kaasaegne | [ka:saegne] |
| de muitos andares | mitmekorruseline | [mitmekorruseline] |
| alto | kõrge | [kɜrge] |
| andar (m) | korrus | [korrus] |
| de um andar | ühekorruseline | [ɰhekorruseline] |
| andar (m) de baixo | alumine korrus | [alumine korrus] |
| andar (m) de cima | ülemine korrus | [ɰlemine korrus] |
| telhado (m) | katus | [katus] |
| chaminé (f) | korsten | [korsʲten] |
| telha (f) | katusekivi | [katusekiʋi] |
| de telha | katusekivist | [katusekiʋisʲt] |
| sótão (m) | pööning | [pø:ning] |
| janela (f) | aken | [aken] |
| vidro (m) | klaas | [kla:s] |
| parapeito (m) | aknalaud | [aknalaut] |
| portadas (f pl) | aknaluugid | [aknalu:git] |
| parede (f) | sein | [sejn] |
| varanda (f) | rõdu | [rɜdu] |
| tubo (m) de queda | vihmaveetoru | [ʋihmaʋe:toru] |
| em cima | üleval | [ɰleʋalʲ] |
| subir (~ as escadas) | trepist üles minema | [trepisʲt ɰles minema] |
| descer (vi) | laskuma | [laskuma] |
| mudar-se (vr) | kolima | [kolima] |

80

## 83. Casa. Entrada. Elevador

| | | |
|---|---|---|
| entrada (f) | trepikoda | [trepikoda] |
| escada (f) | trepp | [trepp] |
| degraus (m pl) | astmed | [asʲtmet] |
| corrimão (m) | käsipuu | [kæsipu:] |
| hall (m) de entrada | hall | [halʲ] |
| caixa (f) de correio | postkast | [posʲtkasʲt] |
| caixote (m) do lixo | prügikonteiner | [prɐgikontejner] |
| conduta (f) do lixo | prügišaht | [prɐgiʃaht] |
| elevador (m) | lift | [lift] |
| elevador (m) de carga | veolift | [ʋeolift] |
| cabine (f) | kabiin | [kabi:n] |
| pegar o elevador | liftiga sõitma | [liftiga sɜitma] |
| apartamento (m) | korter | [korter] |
| moradores (m pl) | elanikud | [elanikut] |
| vizinho (m) | naaber | [na:ber] |
| vizinha (f) | naabrinaine | [na:brinaine] |
| vizinhos (pl) | naabrid | [na:brit] |

## 84. Casa. Portas. Fechaduras

| | | |
|---|---|---|
| porta (f) | uks | [uks] |
| portão (m) | värav | [ʋæraʋ] |
| maçaneta (f) | ukselink | [ukselink] |
| destrancar (vt) | lukust lahti keerama | [lukusʲt lahti ke:rama] |
| abrir (vt) | avama | [aʋama] |
| fechar (vt) | sulgema | [sulʲgema] |
| chave (f) | võti | [ʋɜti] |
| molho (m) | võtmekimp | [ʋɜtmekimp] |
| ranger (vi) | kriuksuma | [kriuksuma] |
| rangido (m) | kriuks | [kriuks] |
| dobradiça (f) | uksehing | [uksehing] |
| tapete (m) de entrada | uksematt | [uksematt] |
| fechadura (f) | lukk | [lukk] |
| buraco (m) da fechadura | lukuauk | [lukuauk] |
| ferrolho (m) | riiv | [ri:ʋ] |
| fecho (ferrolho pequeno) | riiv | [ri:ʋ] |
| cadeado (m) | tabalukk | [tabalukk] |
| tocar (vt) | helistama | [helisʲtama] |
| toque (m) | uksekella helin | [uksekelʲæ helin] |
| campainha (f) | uksekell | [uksekelʲ] |
| botão (m) | kellanupp | [kelʲænupp] |
| batida (f) | koputus | [koputus] |
| bater (vi) | koputama | [koputama] |
| código (m) | kood | [ko:t] |
| fechadura (f) de código | koodlukk | [ko:tlukk] |

| | | |
|---|---|---|
| telefone (m) de porta | sisetelefon | [sisetelefon] |
| número (m) | number | [number] |
| placa (f) de porta | tabel | [tabelʲ] |
| vigia (f), olho (m) mágico | uksesilm | [uksesilʲm] |

## 85. Casa de campo

| | | |
|---|---|---|
| aldeia (f) | küla | [kʉla] |
| horta (f) | aiamaa | [aiama:] |
| cerca (f) | tara | [tara] |
| paliçada (f) | hekk | [hekk] |
| cancela (f) do jardim | aiavärav | [aiaʋærau] |
| celeiro (m) | ait | [ait] |
| adega (f) | kelder | [kelʲder] |
| galpão, barracão (m) | kuur | [ku:r] |
| poço (m) | kaev | [kaeʋ] |
| fogão (m) | ahi | [ahi] |
| atiçar o fogo | kütma | [kʉtma] |
| lenha (carvão ou ~) | ahjupuud | [ahjupu:t] |
| acha (lenha) | puuhalg | [pu:halʲg] |
| varanda (f) | veranda | [ʋeranda] |
| alpendre (m) | terrass | [terrass] |
| degraus (m pl) de entrada | välistrepp | [ʋælisʲtrepp] |
| balouço (m) | kiik | [ki:k] |

## 86. Castelo. Palácio

| | | |
|---|---|---|
| castelo (m) | loss | [loss] |
| palácio (m) | loss | [loss] |
| fortaleza (f) | kindlus | [kintlus] |
| muralha (f) | kindlusemüür | [kintlusemʉ:r] |
| torre (f) | torn | [torn] |
| calabouço (m) | peatorn | [peatorn] |
| grade (f) levadiça | tõstetav värav | [tɜsʲtetau ʋærau] |
| passagem (f) subterrânea | maa-alune käik | [ma:-alune kæjk] |
| fosso (m) | vallikraav | [ʋalʲikra:u] |
| corrente, cadeia (f) | kett | [kett] |
| seteira (f) | laskeava | [laskeaʋa] |
| magnífico | suurepärane | [su:repærane] |
| majestoso | suursugune | [su:rsugune] |
| inexpugnável | juurdepääsmatu | [ju:rdepæ:smatu] |
| medieval | keskaegne | [keskaegne] |

## 87. Apartamento

| | | |
|---|---|---|
| apartamento (m) | korter | [korter] |
| quarto (m) | tuba | [tuba] |
| quarto (m) de dormir | magamistuba | [magamisʲtuba] |
| sala (f) de jantar | söögituba | [sø:gituba] |
| sala (f) de estar | külalistuba | [kʉlalisʲtuba] |
| escritório (m) | kabinet | [kabinet] |

| | | |
|---|---|---|
| antessala (f) | esik | [esik] |
| quarto (m) de banho | vannituba | [ʋannituba] |
| toilette (lavabo) | tualett | [tualett] |

| | | |
|---|---|---|
| teto (m) | lagi | [lagi] |
| chão, soalho (m) | põrand | [pɜrant] |
| canto (m) | nurk | [nurk] |

## 88. Apartamento. Limpeza

| | | |
|---|---|---|
| arrumar, limpar (vt) | korda tegema | [korda tegema] |
| guardar (no armário, etc.) | ära koristama | [æra korisʲtama] |
| pó (m) | tolm | [tolʲm] |
| empoeirado | tolmune | [tolʲmune] |
| limpar o pó | tolmu pühkima | [tolʲmu pʉhkima] |
| aspirador (m) | tolmuimeja | [tolʲmuimeja] |
| aspirar (vt) | tolmuimejaga koristama | [tolʲmuimejaga korisʲtama] |

| | | |
|---|---|---|
| varrer (vt) | pühkima | [pʉhkima] |
| sujeira (f) | prügi | [prʉgi] |
| arrumação (f), ordem (f) | kord | [kort] |
| desordem (f) | korralagedus | [korralagedus] |

| | | |
|---|---|---|
| esfregão (m) | hari | [hari] |
| pano (m), trapo (m) | lapp | [lapp] |
| vassoura (f) | luud | [lu:t] |
| pá (f) de lixo | prügikühvel | [prʉgikʉhelʲ] |

## 89. Mobiliário. Interior

| | | |
|---|---|---|
| mobiliário (m) | mööbel | [mø:belʲ] |
| mesa (f) | laud | [laut] |
| cadeira (f) | tool | [to:lʲ] |
| cama (f) | voodi | [ʋo:di] |
| divã (m) | diivan | [di:ʋan] |
| cadeirão (m) | tugitool | [tugito:lʲ] |

| | | |
|---|---|---|
| estante (f) | raamatukapp | [ra:matukapp] |
| prateleira (f) | raamaturiiul | [ra:maturi:ulʲ] |

| | | |
|---|---|---|
| guarda-vestidos (m) | riidekapp | [ri:dekapp] |
| cabide (m) de parede | varn | [ʋarn] |

| cabide (m) de pé | nagi | [nagi] |
| cómoda (f) | kummut | [kummut] |
| mesinha (f) de centro | diivanilaud | [di:ʋanilaut] |

| espelho (m) | peegel | [pe:gelʲ] |
| tapete (m) | vaip | [ʋaip] |
| tapete (m) pequeno | uksematt | [uksematt] |

| lareira (f) | kamin | [kamin] |
| vela (f) | küünal | [kʉ:nalʲ] |
| castiçal (m) | küünlajalg | [kʉ:nlajalʲg] |

| cortinas (f pl) | külgkardinad | [kʉlʲgkardinat] |
| papel (m) de parede | tapeet | [tape:t] |
| estores (f pl) | ribakardinad | [ribakardinat] |

| candeeiro (m) de mesa | laualamp | [laualamp] |
| candeeiro (m) de parede | valgusti | [ʋalʲgusʲti] |
| candeeiro (m) de pé | põrandalamp | [pɜrandalamp] |
| lustre (m) | lühter | [lʉhter] |

| pé (de mesa, etc.) | jalg | [jalʲg] |
| braço (m) | käetugi | [kæətugi] |
| costas (f pl) | seljatugi | [seljatugi] |
| gaveta (f) | sahtel | [sahtelʲ] |

## 90. Quarto de dormir

| roupa (f) de cama | voodipesu | [ʋo:dipesu] |
| almofada (f) | padi | [padi] |
| fronha (f) | padjapüür | [padjapʉ:r] |
| cobertor (m) | tekk | [tekk] |
| lençol (m) | voodilina | [ʋo:dilina] |
| colcha (f) | voodikate | [ʋo:dikate] |

## 91. Cozinha

| cozinha (f) | köök | [kø:k] |
| gás (m) | gaas | [ga:s] |
| fogão (m) a gás | gaasipliit | [ga:sipli:t] |
| fogão (m) elétrico | elektripliit | [elektripli:t] |
| forno (m) | praeahi | [praeahi] |
| forno (m) de micro-ondas | mikrolaineahi | [mikrolaineahi] |

| frigorífico (m) | külmkapp | [kʉlʲmkapp] |
| congelador (m) | jääkapp | [jæ:kapp] |
| máquina (f) de lavar louça | nõudepesumasin | [nɜudepesumasin] |

| moedor (m) de carne | hakklihamasin | [hakklihamasin] |
| espremedor (m) | mahlapress | [mahlapress] |
| torradeira (f) | röster | [røsʲter] |
| batedeira (f) | mikser | [mikser] |

| máquina (f) de café | kohvikeetja | [kohʋike:tja] |
| cafeteira (f) | kohvikann | [kohʋikann] |
| moinho (m) de café | kohviveski | [kohʋiʋeski] |

| chaleira (f) | veekeetja | [ʋe:ke:tja] |
| bule (m) | teekann | [te:kann] |
| tampa (f) | kaas | [ka:s] |
| coador (m) de chá | teesõel | [te:sɜelʲ] |

| colher (f) | lusikas | [lusikas] |
| colher (f) de chá | teelusikas | [te:lusikas] |
| colher (f) de sopa | supilusikas | [supilusikas] |
| garfo (m) | kahvel | [kahʋelʲ] |
| faca (f) | nuga | [nuga] |

| louça (f) | toidunõud | [tojdunɜut] |
| prato (m) | taldrik | [talʲdrik] |
| pires (m) | alustass | [alusʲtass] |

| cálice (m) | napsiklaas | [napsikla:s] |
| copo (m) | klaas | [kla:s] |
| chávena (f) | tass | [tass] |

| açucareiro (m) | suhkrutoos | [suhkruto:s] |
| saleiro (m) | soolatoos | [so:lato:s] |
| pimenteiro (m) | pipratops | [pipratops] |
| manteigueira (f) | võitoos | [ʋɜito:s] |

| panela, caçarola (f) | pott | [pott] |
| frigideira (f) | pann | [pann] |
| concha (f) | supikulp | [supikulʲp] |
| passador (m) | kurnkopsik | [kurnkopsik] |
| bandeja (f) | kandik | [kandik] |

| garrafa (f) | pudel | [pudelʲ] |
| boião (m) de vidro | klaaspurk | [kla:spurk] |
| lata (f) | plekkpurk | [plekkpurk] |

| abre-garrafas (m) | pudeliavaja | [pudeliaʋaja] |
| abre-latas (m) | konserviavaja | [konserʋiaʋaja] |
| saca-rolhas (m) | korgitser | [korgitser] |
| filtro (m) | filter | [filʲter] |
| filtrar (vt) | filtreerima | [filʲtre:rima] |

| lixo (m) | prügi | [prɰgi] |
| balde (m) do lixo | prügiämber | [prɰgiæmber] |

## 92. Casa de banho

| quarto (m) de banho | vannituba | [ʋannituba] |
| água (f) | vesi | [ʋesi] |
| torneira (f) | kraan | [kra:n] |
| água (f) quente | soe vesi | [soe ʋesi] |
| água (f) fria | külm vesi | [kɰlʲm ʋesi] |

85

| | | |
|---|---|---|
| pasta (f) de dentes | hambapasta | [hambapasˈta] |
| escovar os dentes | hambaid pesema | [hambait pesema] |
| escova (f) de dentes | hambahari | [hambahari] |
| barbear-se (vr) | habet ajama | [habet ajama] |
| espuma (f) de barbear | habemeajamiskreem | [habemeajamiskre:m] |
| máquina (f) de barbear | pardel | [pardelʲ] |
| lavar (vt) | pesema | [pesema] |
| lavar-se (vr) | ennast pesema | [ennasˈt pesema] |
| duche (m) | dušš | [duʃʃ] |
| tomar um duche | duši all käima | [duʃi alʲ kæjma] |
| banheira (f) | vann | [ʋann] |
| sanita (f) | WC-pott | [ʋeˈtse pott] |
| lavatório (m) | kraanikauss | [kra:nikauss] |
| sabonete (m) | seep | [se:p] |
| saboneteira (f) | seebikarp | [se:bikarp] |
| esponja (f) | nuustik | [nu:sˈtik] |
| champô (m) | šampoon | [ʃampo:n] |
| toalha (f) | käterätik | [kæterætik] |
| roupão (m) de banho | hommikumantel | [hommikumantelʲ] |
| lavagem (f) | pesupesemine | [pesupesemine] |
| máquina (f) de lavar | pesumasin | [pesumasin] |
| lavar a roupa | pesu pesema | [pesu pesema] |
| detergente (m) | pesupulber | [pesupulʲber] |

## 93. Eletrodomésticos

| | | |
|---|---|---|
| televisor (m) | televiisor | [teleʋi:sor] |
| gravador (m) | magnetofon | [magnetofon] |
| videogravador (m) | videomagnetofon | [ʋideomagnetofon] |
| rádio (m) | raadio | [ra:dio] |
| leitor (m) | pleier | [plejer] |
| projetor (m) | videoprojektor | [ʋideoprojektor] |
| cinema (m) em casa | kodukino | [kodukino] |
| leitor (m) de DVD | DVD-mängija | [dʊd-mængija] |
| amplificador (m) | võimendi | [ʋɜimendi] |
| console (f) de jogos | mängukonsool | [mængukonso:lʲ] |
| câmara (f) de vídeo | videokaamera | [ʋideoka:mera] |
| máquina (f) fotográfica | fotoaparaat | [fotoapara:t] |
| câmara (f) digital | fotokaamera | [fotoka:mera] |
| aspirador (m) | tolmuimeja | [tolʲmuimeja] |
| ferro (m) de engomar | triikraud | [tri:kraut] |
| tábua (f) de engomar | triikimislaud | [tri:kimislaut] |
| telefone (m) | telefon | [telefon] |
| telemóvel (m) | mobiiltelefon | [mobi:lʲtelefon] |

| | | |
|---|---|---|
| máquina (f) de escrever | **kirjutusmasin** | [kirjutusmasin] |
| máquina (f) de costura | **õmblusmasin** | [ɜmblusmasin] |

| | | |
|---|---|---|
| microfone (m) | **mikrofon** | [mikrofon] |
| auscultadores (m pl) | **kõrvaklapid** | [kɜrʋaklapit] |
| controlo remoto (m) | **pult** | [pulʲt] |

| | | |
|---|---|---|
| CD (m) | **CD-plaat** | [tsede plaːt] |
| cassete (f) | **kassett** | [kassett] |
| disco (m) de vinil | **heliplaat** | [heliplaːt] |

## 94. Reparações. Renovação

| | | |
|---|---|---|
| renovação (f) | **remont** | [remont] |
| renovar (vt), fazer obras | **remonti tegema** | [remonti tegema] |
| reparar (vt) | **remontima** | [remontima] |
| consertar (vt) | **korda tegema** | [korda tegema] |
| refazer (vt) | **ümber tegema** | [ʉmber tegema] |

| | | |
|---|---|---|
| tinta (f) | **värv** | [ʋærʋ] |
| pintar (vt) | **värvima** | [ʋærʋima] |
| pintor (m) | **maaler** | [maːler] |
| pincel (m) | **pintsel** | [pintselʲ] |

| | | |
|---|---|---|
| cal (f) | **lubivärv** | [lubiʋærʋ] |
| caiar (vt) | **valgendama** | [ʋalʲgendama] |

| | | |
|---|---|---|
| papel (m) de parede | **tapeet** | [tapeːt] |
| colocar papel de parede | **tapeeti panema** | [tapeːti panema] |
| verniz (m) | **lakk** | [lakk] |
| envernizar (vt) | **lakkima** | [lakkima] |

## 95. Canalizações

| | | |
|---|---|---|
| água (f) | **vesi** | [ʋesi] |
| água (f) quente | **soe vesi** | [soe ʋesi] |
| água (f) fria | **külm vesi** | [kʉlʲm ʋesi] |
| torneira (f) | **kraan** | [kraːn] |

| | | |
|---|---|---|
| gota (f) | **tilk** | [tilʲk] |
| gotejar (vi) | **tilkuma** | [tilʲkuma] |
| vazar (vt) | **läbi jooksma** | [lʲæbi joːksma] |
| vazamento (m) | **leke** | [leke] |
| poça (f) | **loik** | [lojk] |

| | | |
|---|---|---|
| tubo (m) | **toru** | [toru] |
| válvula (f) | **ventiil** | [ʋentiːlʲ] |
| entupir-se (vr) | **umbe minema** | [umbe minema] |

| | | |
|---|---|---|
| ferramentas (f pl) | **tööriistad** | [tøːriːsʲtat] |
| chave (f) inglesa | **mutrivõti** | [mutriʋɔti] |
| desenroscar (vt) | **lahti keerama** | [lahti keːrama] |

| enroscar (vt) | kinni keerama | [kinni ke:rama] |
|---|---|---|
| desentupir (vt) | puhastama | [puhasʲtama] |
| canalizador (m) | torulukksepp | [torulukksepp] |
| cave (f) | kelder | [kelʲder] |
| sistema (m) de esgotos | kanalisatsioon | [kanalisatsio:n] |

## 96. Fogo. Deflagração

| incêndio (m) | tuli | [tuli] |
|---|---|---|
| chama (f) | leek | [le:k] |
| faísca (f) | säde | [sæde] |
| fumo (m) | suits | [suits] |
| tocha (f) | tõrvik | [tɜrʋik] |
| fogueira (f) | lõke | [lɜke] |

| gasolina (f) | bensiin | [bensi:n] |
|---|---|---|
| querosene (m) | petrooleum | [petro:leum] |
| inflamável | põlevaine | [pɜleʋaine] |
| explosivo | plahvatusohtlik | [plahʋatusohtlik] |
| PROIBIDO FUMAR! | MITTE SUITSETADA! | [mitte suitsetada!] |

| segurança (f) | tuleohutus | [tuleohutus] |
|---|---|---|
| perigo (m) | oht | [oht] |
| perigoso | ohtlik | [ohtlik] |

| incendiar-se (vr) | põlema minema | [pɜlema minema] |
|---|---|---|
| explosão (f) | plahvatus | [plahʋatus] |
| incendiar (vt) | süütama | [sʉ:tama] |
| incendiário (m) | süütaja | [sʉ:taja] |
| incêndio (m) criminoso | süütamine | [sʉ:tamine] |

| arder (vi) | leegitsema | [le:gitsema] |
|---|---|---|
| queimar (vi) | põlema | [pɜlema] |
| queimar tudo (vi) | maha põlema | [maha pɜlema] |

| chamar os bombeiros | kutsuge tuletõrje | [kutsuge tuletɜrje] |
|---|---|---|
| bombeiro (m) | tuletõrjuja | [tuletɜrjuja] |
| carro (m) de bombeiros | tuletõrjeauto | [tuletɜrjeauto] |
| corpo (m) de bombeiros | tuletõrjemeeskond | [tuletɜrjeme:skont] |
| escada (f) extensível | redel | [redelʲ] |

| mangueira (f) | voolik | [ʋo:lik] |
|---|---|---|
| extintor (m) | tulekustuti | [tulekusʲtuti] |
| capacete (m) | kiiver | [ki:ʋer] |
| sirene (f) | sireen | [sire:n] |

| gritar (vi) | karjuma | [karjuma] |
|---|---|---|
| chamar por socorro | appi kutsuma | [appi kutsuma] |
| salvador (m) | päästja | [pæ:sʲtja] |
| salvar, resgatar (vt) | päästma | [pæ:sʲtma] |

| chegar (vi) | kohale sõitma | [kohale sɜitma] |
|---|---|---|
| apagar (vt) | kustutama | [kusʲtutama] |
| água (f) | vesi | [ʋesi] |

| areia (f) | liiv | [liːʊ] |
|---|---|---|
| ruínas (f pl) | varemed | [ʋaremet] |
| ruir (vi) | kokku kukkuma | [kokku kukkuma] |
| desmoronar (vi) | kokku langema | [kokku langema] |
| desabar (vi) | kokku varisema | [kokku ʋarisema] |

| fragmento (m) | tükk | [tɯkk] |
|---|---|---|
| cinza (f) | tuhk | [tuhk] |

| sufocar (vi) | lämbuma | [lʲæmbuma] |
|---|---|---|
| perecer (vi) | hukkuma | [hukkuma] |

# ATIVIDADES HUMANAS

# Emprego. Negócios. Parte 1

## 97. Banca

| | | |
|---|---|---|
| banco (m) | pank | [pank] |
| sucursal, balcão (f) | osakond | [osakont] |
| | | |
| consultor (m) | konsultant | [konsulʲtant] |
| gerente (m) | juhataja | [juhataja] |
| | | |
| conta (f) | pangakonto | [pangakonto] |
| número (m) da conta | arve number | [arʋe number] |
| conta (f) corrente | jooksev arve | [joːkseʋ arʋe] |
| conta (f) poupança | kogumisarve | [kogumisarʋe] |
| | | |
| abrir uma conta | arvet avama | [arʋet aʋama] |
| fechar uma conta | arvet lõpetama | [arʋet lɜpetama] |
| depositar na conta | arvele panema | [arʋele panema] |
| levantar (vt) | arvelt võtma | [arʋelʲt ʋɜtma] |
| | | |
| depósito (m) | hoius | [hojus] |
| fazer um depósito | hoiust tegema | [hojusʲt tegema] |
| transferência (f) bancária | ülekanne | [ɯlekanne] |
| transferir (vt) | üle kandma | [ɯle kandma] |
| | | |
| soma (f) | summa | [summa] |
| Quanto? | Kui palju? | [kui palju?] |
| | | |
| assinatura (f) | allkiri | [alʲkiri] |
| assinar (vt) | allkirjastama | [alʲkirjasʲtama] |
| | | |
| cartão (m) de crédito | krediidikaart | [krediːdikaːrt] |
| código (m) | kood | [koːt] |
| | | |
| número (m) do cartão de crédito | krediidikaardi number | [krediːdikaːrdi number] |
| | | |
| Caixa Multibanco (m) | pangaautomaat | [panga:utomaːt] |
| | | |
| cheque (m) | tšekk | [tʃekk] |
| passar um cheque | tšekki välja kirjutama | [tʃekki ʋælja kirjutama] |
| livro (m) de cheques | tšekiraamat | [tʃekira:mat] |
| | | |
| empréstimo (m) | pangalaen | [pangalaen] |
| pedir um empréstimo | laenu taotlema | [laenu taotlema] |
| obter um empréstimo | laenu võtma | [laenu ʋɜtma] |
| conceder um empréstimo | laenu andma | [laenu andma] |
| garantia (f) | tagatis | [tagatis] |

## 98. Telefone. Conversação telefónica

| | | |
|---|---|---|
| telefone (m) | telefon | [telefon] |
| telemóvel (m) | mobiiltelefon | [mobi:lˈtelefon] |
| secretária (f) electrónica | automaatvastaja | [automa:tʋasˈtaja] |
| | | |
| fazer uma chamada | helistama | [helisˈtama] |
| chamada (f) | telefonihelin | [telefonihelin] |
| | | |
| marcar um número | numbrit valima | [numbrit ʋalima] |
| Alô! | hallo! | [halʲo!] |
| perguntar (vt) | küsima | [kʉsima] |
| responder (vt) | vastama | [ʋasˈtama] |
| | | |
| ouvir (vt) | kuulma | [ku:lʲma] |
| bem | hästi | [hæsˈti] |
| mal | halvasti | [halʲʋasˈti] |
| ruído (m) | häired | [hæjret] |
| | | |
| auscultador (m) | telefonitoru | [telefonitoru] |
| pegar o telefone | toru hargilt võtma | [toru hargilʲt ʋɜtma] |
| desligar (vi) | toru hargile panema | [toru hargile panema] |
| | | |
| ocupado | liin on kinni | [li:n on kinni] |
| tocar (vi) | telefon heliseb | [telefon heliseb] |
| lista (f) telefónica | telefoniraamat | [telefonira:mat] |
| | | |
| local | kohalik | [kohalik] |
| chamada (f) local | kohalik kõne | [kohalik kɜne] |
| de longa distância | kauge- | [kauge-] |
| chamada (f) de longa distância | kaugekõne | [kaugekɜne] |
| internacional | rahvusvaheline | [rahʋusʋaheline] |
| chamada (f) internacional | rahvusvaheline kõne | [rahʋusʋaheline kɜne] |

## 99. Telefone móvel

| | | |
|---|---|---|
| telemóvel (m) | mobiiltelefon | [mobi:lˈtelefon] |
| ecrã (m) | kuvar | [kuʋar] |
| botão (m) | nupp | [nupp] |
| cartão SIM (m) | SIM-kaart | [sim-ka:rt] |
| | | |
| bateria (f) | patarei | [patarej] |
| descarregar-se | tühjaks minema | [tʉhjaks minema] |
| carregador (m) | laadimisseade | [la:dimisseade] |
| | | |
| menu (m) | menüü | [menʉ:] |
| definições (f pl) | häälestused | [hæ:lesˈtuset] |
| melodia (f) | viis | [ʋi:s] |
| escolher (vt) | valima | [ʋalima] |
| | | |
| calculadora (f) | kalkulaator | [kalʲkula:tor] |
| correio (m) de voz | automaatvastaja | [automa:tʋasˈtaja] |

| despertador (m) | äratuskell | [æratuskelʲ] |
| contatos (m pl) | telefoniraamat | [telefonira:mat] |

| mensagem (f) de texto | SMS-sõnum | [sms-sɜnum] |
| assinante (m) | abonent | [abonent] |

## 100. Estacionário

| caneta (f) | pastakas | [pasʲtakas] |
| caneta (f) tinteiro | sulepea | [sulepea] |

| lápis (m) | pliiats | [pli:ats] |
| marcador (m) | marker | [marker] |
| caneta (f) de feltro | viltpliiats | [uilʲtpli:ats] |

| bloco (m) de notas | klade | [klade] |
| agenda (f) | päevik | [pæəuik] |

| régua (f) | joonlaud | [jo:nlaut] |
| calculadora (f) | kalkulaator | [kalʲkula:tor] |
| borracha (f) | kustutuskumm | [kusʲtutuskumm] |
| pionés (m) | rõhknael | [rɜhknaelʲ] |
| clipe (m) | kirjaklamber | [kirjaklamber] |

| cola (f) | liim | [li:m] |
| agrafador (m) | stepler | [sʲtepler] |
| furador (m) | auguraud | [auguraut] |
| afia-lápis (m) | pliiatsiteritaja | [pli:atsiteritaja] |

# Emprego. Negócios. Parte 2

## 101. Media

| jornal (m) | ajaleht | [ajaleht] |
|---|---|---|
| revista (f) | ajakiri | [ajakiri] |
| imprensa (f) | press | [press] |
| rádio (m) | raadio | [ra:dio] |
| estação (f) de rádio | raadiojaam | [ra:dioja:m] |
| televisão (f) | televisioon | [teleʋisio:n] |

| apresentador (m) | saatejuht | [sa:tejuht] |
|---|---|---|
| locutor (m) | diktor | [diktor] |
| comentador (m) | kommentaator | [kommenta:tor] |

| jornalista (m) | ajakirjanik | [ajakirjanik] |
|---|---|---|
| correspondente (m) | korrespondent | [korrespondent] |
| repórter (m) fotográfico | fotokorrespondent | [fotokorrespondent] |
| repórter (m) | reporter | [reporter] |

| redator (m) | toimetaja | [tojmetaja] |
|---|---|---|
| redator-chefe (m) | peatoimetaja | [peatojmetaja] |

| assinar a ... | tellima | [telʲima] |
|---|---|---|
| assinatura (f) | tellimine | [telʲimine] |
| assinante (m) | tellija | [telʲija] |
| ler (vt) | lugema | [lugema] |
| leitor (m) | lugeja | [lugeja] |

| tiragem (f) | tiraaž | [tira:ʒ] |
|---|---|---|
| mensal | igakuine | [igakuine] |
| semanal | iganädalane | [iganædalane] |
| número (jornal, revista) | number | [number] |
| recente | värske | [ʋærske] |

| manchete (f) | pealkiri | [pealʲkiri] |
|---|---|---|
| pequeno artigo (m) | sõnum | [sɜnum] |
| coluna (~ semanal) | rubriik | [rubri:k] |
| artigo (m) | artikkel | [artikkelʲ] |
| página (f) | lehekülg | [lehekɯlʲg] |

| reportagem (f) | reportaaž | [reporta:ʒ] |
|---|---|---|
| evento (m) | sündmus | [sɯndmus] |
| sensação (f) | sensatsioon | [sensatsio:n] |
| escândalo (m) | skandaal | [skanda:lʲ] |
| escandaloso | skandaalne | [skanda:lʲne] |
| grande | kõmuline | [kɜmuline] |

| programa (m) de TV | saade | [sa:de] |
|---|---|---|
| entrevista (f) | intervjuu | [interʋju:] |

| transmissão (f) em direto | otseülekanne | [otseùlekanne] |
| canal (m) | kanal | [kanalʲ] |

## 102. Agricultura

| agricultura (f) | põllumajandus | [pɜlʲumajandus] |
| camponês (m) | talumees | [talume:s] |
| camponesa (f) | talunaine | [talunaine] |
| agricultor (m) | talunik | [talunik] |

| trator (m) | traktor | [traktor] |
| ceifeira-debulhadora (f) | kombain | [kombain] |

| arado (m) | sahk | [sahk] |
| arar (vt) | kündma | [kundma] |
| campo (m) lavrado | künnimaa | [kunnima:] |
| rego (m) | vagu | [ʋagu] |

| semear (vt) | külvama | [kɵlʲʋama] |
| semeadora (f) | külvik | [kɵlʲʋik] |
| semeadura (f) | külv | [kɵlʲʋ] |

| gadanha (f) | vikat | [ʋikat] |
| gadanhar (vt) | niitma | [ni:tma] |

| pá (f) | labidas | [labidas] |
| cavar (vt) | kaevama | [kaeʋama] |

| enxada (f) | kõbla | [kɜbla] |
| carpir (vt) | rohima | [rohima] |
| erva (f) daninha | umbrohi | [umbrohi] |

| regador (m) | kastekann | [kasʲtekann] |
| regar (vt) | kastma | [kasʲtma] |
| rega (f) | kastmine | [kasʲtmine] |

| forquilha (f) | vigla | [ʋigla] |
| ancinho (m) | reha | [reha] |

| fertilizante (m) | väetis | [ʋæətis] |
| fertilizar (vt) | väetama | [ʋæətama] |
| estrume (m) | sõnnik | [sɜnnik] |

| campo (m) | põld | [pɜlʲt] |
| prado (m) | luht | [luht] |
| horta (f) | aiamaa | [aiama:] |
| pomar (m) | aed | [aet] |

| pastar (vt) | karjatama | [karjatama] |
| pastor (m) | karjus | [karjus] |
| pastagem (f) | karjamaa | [karjama:] |

| pecuária (f) | loomakasvatus | [lo:makasʋatus] |
| criação (f) de ovelhas | lambakasvatus | [lambakasʋatus] |

| plantação (f) | istandus | [isˡtandus] |
| canteiro (m) | peenar | [pe:nar] |
| invernadouro (m) | kasvuhoone | [kasʋuho:ne] |

| seca (f) | põud | [pɜut] |
| seco (verão ~) | põuane | [pɜuane] |

| cereal (m) | teravili | [teraʋili] |
| cereais (m pl) | viljad | [ʋiljat] |
| colher (vt) | koristama | [korisˡtama] |

| moleiro (m) | mölder | [mølˡder] |
| moinho (m) | veski | [ʋeski] |
| moer (vt) | vilja jahvatama | [ʋilja jahʋatama] |
| farinha (f) | jahu | [jahu] |
| palha (f) | õled | [ɜlet] |

## 103. Construção. Processo de construção

| canteiro (m) de obras | ehitus | [ehitus] |
| construir (vt) | ehitama | [ehitama] |
| construtor (m) | ehitaja | [ehitaja] |

| projeto (m) | projekt | [projekt] |
| arquiteto (m) | arhitekt | [arhitekt] |
| operário (m) | tööline | [tø:line] |

| fundação (f) | vundament | [ʋundament] |
| telhado (m) | katus | [katus] |
| estaca (f) | vai | [ʋai] |
| parede (f) | sein | [sejn] |

| varões (m pl) para betão | armatuur | [armatu:r] |
| andaime (m) | tellingud | [telˡingut] |

| betão (m) | betoon | [beto:n] |
| granito (m) | graniit | [grani:t] |
| pedra (f) | kivi | [kiʋi] |
| tijolo (m) | telliskivi | [telˡiskiʋi] |

| areia (f) | liiv | [li:ʋ] |
| cimento (m) | tsement | [tsement] |
| emboço (m) | krohv | [krohʋ] |
| emboçar (vt) | krohvima | [krohʋima] |

| tinta (f) | värv | [ʋærʋ] |
| pintar (vt) | värvima | [ʋærʋima] |
| barril (m) | tünn | [tʉnn] |

| grua (f), guindaste (m) | kraana | [kra:na] |
| erguer (vt) | tõstma | [tɜsˡtma] |
| baixar (vt) | alla laskma | [alˡæ laskma] |
| buldózer (m) | buldooser | [bulˡdo:ser] |
| escavadora (f) | ekskavaator | [ekskaʋa:tor] |

95

| | | |
|---|---|---|
| caçamba (f) | **kopp** | [kopp] |
| escavar (vt) | **kaevama** | [kaeʋama] |
| capacete (m) de proteção | **kiiver** | [kiːʋer] |

# Profissões e ocupações

## 104. Procura de emprego. Demissão

| | | |
|---|---|---|
| trabalho (m) | töö | [tø:] |
| equipa (f) | koosseis | [ko:ssejs] |
| pessoal (m) | personal | [personalʲ] |
| carreira (f) | karjäär | [karjæ:r] |
| perspetivas (f pl) | perspektiiv | [perspekti:ʋ] |
| mestria (f) | meisterlikkus | [mejsʲterlikkus] |
| seleção (f) | valik | [ʋalik] |
| agência (f) de emprego | kaadriagentuur | [ka:driagentu:r] |
| CV, currículo (m) | elulookirjeldus | [elulo:kirjelʲdus] |
| entrevista (f) de emprego | tööintervjuu | [tø:interʋju:] |
| vaga (f) | vakants | [ʋakants] |
| salário (m) | töötasu | [tø:tasu] |
| salário (m) fixo | palk | [palʲk] |
| pagamento (m) | maksmine | [maksmine] |
| posto (m) | töökoht | [tø:koht] |
| dever (do empregado) | kohustus | [kohusʲtus] |
| gama (f) de deveres | kohustuste ring | [kohusʲtusʲte ring] |
| ocupado | hõivatud | [hɜiʋatut] |
| despedir, demitir (vt) | vallandama | [ʋalʲændama] |
| demissão (f) | vallandamine | [ʋalʲændamine] |
| desemprego (m) | tööpuudus | [tø:pu:dus] |
| desempregado (m) | töötu | [tø:tu] |
| reforma (f) | pension | [pension] |
| reformar-se | pensionile minema | [pensionile minema] |

## 105. Gente de negócios

| | | |
|---|---|---|
| diretor (m) | direktor | [direktor] |
| gerente (m) | juhataja | [juhataja] |
| patrão, chefe (m) | juhataja | [juhataja] |
| superior (m) | ülemus | [ɯlemus] |
| superiores (m pl) | juhtkond | [juhtkont] |
| presidente (m) | president | [president] |
| presidente (m) de direção | esimees | [esime:s] |
| substituto (m) | asetäitja | [asetæjtja] |
| assistente (m) | abi | [abi] |

| | | |
|---|---|---|
| secretário (m) | **sekretär** | [sekretær] |
| secretário (m) pessoal | **isiklik sekretär** | [isiklik sekretær] |
| | | |
| homem (m) de negócios | **ärimees** | [ærime:s] |
| empresário (m) | **ettevõtja** | [etteʋɔtja] |
| fundador (m) | **rajaja** | [rajaja] |
| fundar (vt) | **rajama** | [rajama] |
| | | |
| fundador, sócio (m) | **asutaja** | [asutaja] |
| parceiro, sócio (m) | **partner** | [partner] |
| acionista (m) | **aktsionär** | [aktsionær] |
| | | |
| milionário (m) | **miljonär** | [miljonær] |
| bilionário (m) | **miljardär** | [miljardær] |
| proprietário (m) | **omanik** | [omanik] |
| proprietário (m) de terras | **maavaldaja** | [ma:ʋalʲdaja] |
| | | |
| cliente (m) | **klient** | [klient] |
| cliente (m) habitual | **püsiklient** | [pʉsiklient] |
| comprador (m) | **ostja** | [osʲtja] |
| visitante (m) | **külastaja** | [kʉlasʲtaja] |
| | | |
| profissional (m) | **professionaal** | [professiona:lʲ] |
| perito (m) | **ekspert** | [ekspert] |
| especialista (m) | **spetsialist** | [spetsialisʲt] |
| | | |
| banqueiro (m) | **pankur** | [pankur] |
| corretor (m) | **vahendaja** | [ʋahendaja] |
| | | |
| caixa (m, f) | **kassiir** | [kassi:r] |
| contabilista (m) | **raamatupidaja** | [ra:matupidaja] |
| guarda (m) | **turvamees** | [turʋame:s] |
| | | |
| investidor (m) | **investeerija** | [inʋesʲte:rija] |
| devedor (m) | **võlgnik** | [ʋɔlʲgnik] |
| credor (m) | **võlausaldaja** | [ʋɔlausalʲdaja] |
| mutuário (m) | **laenaja** | [laenaja] |
| | | |
| importador (m) | **sissevedaja** | [sisseʋedaja] |
| exportador (m) | **eksportöör** | [eksportø:r] |
| | | |
| produtor (m) | **tootja** | [to:tja] |
| distribuidor (m) | **maaletooja** | [ma:leto:ja] |
| intermediário (m) | **vahendaja** | [ʋahendaja] |
| | | |
| consultor (m) | **konsultant** | [konsulʲtant] |
| representante (m) | **esindaja** | [esindaja] |
| agente (m) | **agent** | [agent] |
| agente (m) de seguros | **kindlustusagent** | [kintlusʲtusagent] |

## 106. Profissões de serviços

| | | |
|---|---|---|
| cozinheiro (m) | **kokk** | [kokk] |
| cozinheiro chefe (m) | **peakokk** | [peakokk] |

| | | |
|---|---|---|
| padeiro (m) | pagar | [pagar] |
| barman (m) | baarimees | [ba:rime:s] |
| empregado (m) de mesa | kelner | [kelʲner] |
| empregada (f) de mesa | ettekandja | [ettekandja] |

| | | |
|---|---|---|
| advogado (m) | advokaat | [aduoka:t] |
| jurista (m) | jurist | [jurisʲt] |
| notário (m) | notar | [notar] |

| | | |
|---|---|---|
| eletricista (m) | elektrik | [elektrik] |
| canalizador (m) | torulukksepp | [torulukksepp] |
| carpinteiro (m) | puussepp | [pu:ssepp] |

| | | |
|---|---|---|
| massagista (m) | massöör | [massø:r] |
| massagista (f) | massöör | [massø:r] |
| médico (m) | arst | [arsʲt] |

| | | |
|---|---|---|
| taxista (m) | taksojuht | [taksojuht] |
| condutor (automobilista) | autojuht | [autojuht] |
| entregador (m) | käskjalg | [kæskjalʲg] |

| | | |
|---|---|---|
| camareira (f) | toatüdruk | [toatʉdruk] |
| guarda (m) | turvamees | [turʋame:s] |
| hospedeira (f) de bordo | stjuardess | [sʲtjuardess] |

| | | |
|---|---|---|
| professor (m) | õpetaja | [ɜpetaja] |
| bibliotecário (m) | raamatukoguhoidja | [ra:matukoguhojdja] |
| tradutor (m) | tõlk | [tɜlʲk] |
| intérprete (m) | tõlk | [tɜlʲk] |
| guia (pessoa) | giid | [gi:t] |

| | | |
|---|---|---|
| cabeleireiro (m) | juuksur | [ju:ksur] |
| carteiro (m) | postiljon | [posʲtiljon] |
| vendedor (m) | müüja | [mʉ:ja] |

| | | |
|---|---|---|
| jardineiro (m) | aednik | [aednik] |
| criado (m) | teener | [te:ner] |
| criada (f) | teenija | [te:nija] |
| empregada (f) de limpeza | koristaja | [korisʲtaja] |

## 107. Profissões militares e postos

| | | |
|---|---|---|
| soldado (m) raso | reamees | [reame:s] |
| sargento (m) | seersant | [se:rsant] |
| tenente (m) | leitnant | [lejtnant] |
| capitão (m) | kapten | [kapten] |

| | | |
|---|---|---|
| major (m) | major | [major] |
| coronel (m) | kolonel | [kolonelʲ] |
| general (m) | kindral | [kindralʲ] |
| marechal (m) | marssal | [marssalʲ] |
| almirante (m) | admiral | [admiralʲ] |
| militar (m) | sõjaväelane | [sɜjaʋæəlane] |
| soldado (m) | sõdur | [sɜdur] |

| oficial (m) | ohvitser | [ohvitser] |
| comandante (m) | komandör | [komandør] |

| guarda (m) fronteiriço | piirivalvur | [pi:rival'uur] |
| operador (m) de rádio | radist | [radis't] |
| explorador (m) | luuraja | [lu:raja] |
| sapador (m) | sapöör | [sapø:r] |
| atirador (m) | laskur | [laskur] |
| navegador (m) | tüürimees | [tʉ:rime:s] |

## 108. Oficiais. Padres

| rei (m) | kuningas | [kuningas] |
| rainha (f) | kuninganna | [kuninganna] |

| príncipe (m) | prints | [prints] |
| princesa (f) | printsess | [printsess] |

| czar (m) | tsaar | [tsa:r] |
| czarina (f) | tsaarinna | [tsa:rinna] |

| presidente (m) | president | [president] |
| ministro (m) | minister | [minis'ter] |
| primeiro-ministro (m) | peaminister | [peaminis'ter] |
| senador (m) | senaator | [sena:tor] |

| diplomata (m) | diplomaat | [diploma:t] |
| cônsul (m) | konsul | [konsul'] |
| embaixador (m) | suursaadik | [su:rsa:dik] |
| conselheiro (m) | nõunik | [nɜunik] |

| funcionário (m) | ametnik | [ametnik] |
| prefeito (m) | prefekt | [prefekt] |
| Presidente (m) da Câmara | linnapea | [linnapea] |

| juiz (m) | kohtunik | [kohtunik] |
| procurador (m) | prokurör | [prokurør] |

| missionário (m) | misjonär | [misjonær] |
| monge (m) | munk | [munk] |
| abade (m) | abee | [abe:] |
| rabino (m) | rabi | [rabi] |

| vizir (m) | vesiir | [vesi:r] |
| xá (m) | šahh | [ʃahh] |
| xeque (m) | šeih | [ʃejh] |

## 109. Profissões agrícolas

| apicultor (m) | mesinik | [mesinik] |
| pastor (m) | karjus | [karjus] |
| agrónomo (m) | agronoom | [agrono:m] |

| criador (m) de gado | loomakasvataja | [lo:makasuataja] |
| veterinário (m) | loomaarst | [lo:ma:rsʲt] |

| agricultor (m) | talunik | [talunik] |
| vinicultor (m) | veinimeister | [uejnimejsʲter] |
| zoólogo (m) | zooloog | [zo:lo:g] |
| cowboy (m) | kauboi | [kauboj] |

## 110. Profissões artísticas

| ator (m) | näitleja | [næjtleja] |
| atriz (f) | näitlejanna | [nnaitlejanna] |

| cantor (m) | laulja | [laulja] |
| cantora (f) | lauljanna | [lauljanna] |

| bailarino (m) | tantsija | [tantsija] |
| bailarina (f) | tantsijanna | [tantsijanna] |

| artista (m) | näitleja | [næjtleja] |
| artista (f) | näitlejanna | [nnaitlejanna] |

| músico (m) | muusik | [mu:sik] |
| pianista (m) | pianist | [pianisʲt] |
| guitarrista (m) | kitarrist | [kitarrisʲt] |

| maestro (m) | dirigent | [dirigent] |
| compositor (m) | helilooja | [helilo:ja] |
| empresário (m) | impressaario | [impressa:rio] |

| realizador (m) | lavastaja | [lauasʲtaja] |
| produtor (m) | produtsent | [produtsent] |
| argumentista (m) | stsenarist | [sʲtsenarisʲt] |
| crítico (m) | kriitik | [kri:tik] |

| escritor (m) | kirjanik | [kirjanik] |
| poeta (m) | luuletaja | [lu:letaja] |
| escultor (m) | skulptor | [skulʲptor] |
| pintor (m) | kunstnik | [kunsʲtnik] |

| malabarista (m) | žonglöör | [ʒonglø:r] |
| palhaço (m) | kloun | [kloun] |
| acrobata (m) | akrobaat | [akroba:t] |
| mágico (m) | mustkunstnik | [musʲtkunsʲtnik] |

## 111. Várias profissões

| médico (m) | arst | [arsʲt] |
| enfermeira (f) | medõde | [medɜde] |
| psiquiatra (m) | psühhiaater | [psʉhhia:ter] |
| estomatologista (m) | stomatoloog | [sʲtomatolo:g] |
| cirurgião (m) | kirurg | [kirurg] |

| | | |
|---|---|---|
| astronauta (m) | astronaut | [asˡtronaut] |
| astrónomo (m) | astronoom | [asˡtrono:m] |
| piloto (m) | lendur, piloot | [lendur], [pilo:t] |
| | | |
| motorista (m) | autojuht | [autojuht] |
| maquinista (m) | vedurijuht | [ʋedurijuht] |
| mecânico (m) | mehaanik | [meha:nik] |
| | | |
| mineiro (m) | kaevur | [kaeʋur] |
| operário (m) | tööline | [tø:line] |
| serralheiro (m) | lukksepp | [lukksepp] |
| marceneiro (m) | tisler | [tisler] |
| torneiro (m) | treial | [trejalʲ] |
| construtor (m) | ehitaja | [ehitaja] |
| soldador (m) | keevitaja | [ke:ʋitaja] |
| | | |
| professor (m) catedrático | professor | [professor] |
| arquiteto (m) | arhitekt | [arhitekt] |
| historiador (m) | ajaloolane | [ajalo:lane] |
| cientista (m) | teadlane | [teatlane] |
| físico (m) | füüsik | [fu:sik] |
| químico (m) | keemik | [ke:mik] |
| | | |
| arqueólogo (m) | arheoloog | [arheolo:g] |
| geólogo (m) | geoloog | [geolo:g] |
| pesquisador (cientista) | uurija | [u:rija] |
| | | |
| babysitter (f) | lapsehoidja | [lapsehojdja] |
| professor (m) | pedagoog | [pedago:g] |
| | | |
| redator (m) | toimetaja | [tojmetaja] |
| redator-chefe (m) | peatoimetaja | [peatojmetaja] |
| correspondente (m) | korrespondent | [korrespondent] |
| datilógrafa (f) | masinakirjutaja | [masinakirjutaja] |
| | | |
| designer (m) | disainer | [disainer] |
| especialista (m) em informática | arvutispetsialist | [arʋutispetsialisˡt] |
| programador (m) | programmeerija | [programme:rija] |
| engenheiro (m) | insener | [insener] |
| | | |
| marujo (m) | meremees | [mereme:s] |
| marinheiro (m) | madrus | [madrus] |
| salvador (m) | päästja | [pæ:sˡtja] |
| | | |
| bombeiro (m) | tuletõrjuja | [tuletɜrjuja] |
| polícia (m) | politseinik | [politsejnik] |
| guarda-noturno (m) | valvur | [ʋalʲʋur] |
| detetive (m) | detektiiv | [detekti:ʋ] |
| | | |
| funcionário (m) da alfândega | tolliametnik | [tolʲiametnik] |
| guarda-costas (m) | ihukaitsja | [ihukaitsja] |
| guarda (m) prisional | järelvaataja | [jærelʲʋa:taja] |
| inspetor (m) | inspektor | [inspektor] |
| desportista (m) | sportlane | [sportlane] |
| treinador (m) | treener | [tre:ner] |

| talhante (m) | lihunik | [lihunik] |
| sapateiro (m) | kingsepp | [kingsepp] |
| comerciante (m) | kaubareisija | [kaubarejsija] |
| carregador (m) | laadija | [la:dija] |

| estilista (m) | moekunstnik | [moekunsˈtnik] |
| modelo (f) | modell | [modelʲ] |

## 112. Ocupações. Estatuto social

| aluno, escolar (m) | kooliõpilane | [ko:liɜpilane] |
| estudante (~ universitária) | üliõpilane | [ɥliɜpilane] |

| filósofo (m) | filosoof | [fɪloso:f] |
| economista (m) | majandusteadlane | [majandusˈteatlane] |
| inventor (m) | leiutaja | [lejutaja] |

| desempregado (m) | töötu | [tø:tu] |
| reformado (m) | pensionär | [pensionær] |
| espião (m) | spioon | [spio:n] |

| preso (m) | vang | [ʋang] |
| grevista (m) | streikija | [sˈtrejkija] |
| burocrata (m) | bürokraat | [bʉrokra:t] |
| viajante (m) | rändur | [rændur] |

| homossexual (m) | homoseksualist | [homoseksualisˈt] |
| hacker (m) | häkker | [hækker] |

| bandido (m) | bandiit | [bandi:t] |
| assassino (m) a soldo | palgamõrvar | [palʲgamɜrʋar] |
| toxicodependente (m) | narkomaan | [narkoma:n] |
| traficante (m) | narkokaupmees | [narkokaupme:s] |
| prostituta (f) | prostituut | [prosˈtitu:t] |
| chulo (m) | sutenöör | [sutenø:r] |

| bruxo (m) | nõid | [nɜit] |
| bruxa (f) | nõiamoor | [nɜiamo:r] |
| pirata (m) | piraat | [pira:t] |
| escravo (m) | ori | [ori] |
| samurai (m) | samurai | [samurai] |
| selvagem (m) | metslane | [metslane] |

# Desportos

## 113. Tipos de desportos. Desportistas

| | | |
|---|---|---|
| desportista (m) | sportlane | [sportlane] |
| tipo (m) de desporto | spordiala | [spordiala] |
| | | |
| basquetebol (m) | korvpall | [korʋpalʲ] |
| jogador (m) de basquetebol | korvpallur | [korʋpalʲur] |
| | | |
| beisebol (m) | pesapall | [pesapalʲ] |
| jogador (m) de beisebol | pesapallur | [pesapalʲur] |
| | | |
| futebol (m) | jalgpall | [jalʲgpalʲ] |
| futebolista (m) | jalgpallur | [jalʲgpalʲur] |
| guarda-redes (m) | väravavaht | [ʋæraʋaʋaht] |
| | | |
| hóquei (m) | hoki | [hoki] |
| jogador (m) de hóquei | hokimängija | [hokimæ̈ngija] |
| | | |
| voleibol (m) | võrkpall | [ʋɜrkpalʲ] |
| jogador (m) de voleibol | võrkpallur | [ʋɜrkpalʲur] |
| | | |
| boxe (m) | poks | [poks] |
| boxeador, pugilista (m) | poksija | [poksija] |
| | | |
| luta (f) | maadlus | [maːtlus] |
| lutador (m) | maadleja | [maːtleja] |
| | | |
| karaté (m) | karate | [karate] |
| karateca (m) | karatist | [karatisʲt] |
| | | |
| judo (m) | judo | [judo] |
| judoca (m) | džuudomaadleja | [dʒuːdomaːtleja] |
| | | |
| ténis (m) | tennis | [tennis] |
| tenista (m) | tennisemängija | [tennisemæ̈ngija] |
| | | |
| natação (f) | ujumine | [ujumine] |
| nadador (m) | ujuja | [ujuja] |
| | | |
| esgrima (f) | vehklemine | [ʋehklemine] |
| esgrimista (m) | vehkleja | [ʋehkleja] |
| | | |
| xadrez (m) | male | [male] |
| xadrezista (m) | maletaja | [maletaja] |
| | | |
| alpinismo (m) | alpinism | [alʲpinism] |
| alpinista (m) | alpinist | [alʲpinisʲt] |
| corrida (f) | jooks | [joːks] |

| corredor (m) | jooksja | [jo:ksja] |
|---|---|---|
| atletismo (m) | kergejõustik | [kergejɜusʲtik] |
| atleta (m) | atleet | [atle:t] |

| hipismo (m) | ratsasport | [ratsasport] |
|---|---|---|
| cavaleiro (m) | ratsutaja | [ratsutaja] |

| patinagem (f) artística | iluuisutamine | [ilu:isutamine] |
|---|---|---|
| patinador (m) | iluuisutaja | [ilu:isutaja] |
| patinadora (f) | iluuisutaja | [ilu:isutaja] |

| halterofilismo (m) | raskejõustik | [raskejɜusʲtik] |
|---|---|---|
| halterofilista (m) | raskejõustiklane | [raskejɜusʲtiklane] |
| corrida (f) de carros | autovõidusõit | [autouɜidusɜit] |
| piloto (m) | võidusõitja | [uɜidusɜitja] |

| ciclismo (m) | jalgrattasport | [jalʲgrattasport] |
|---|---|---|
| ciclista (m) | jalgrattur | [jalʲgrattur] |

| salto (m) em comprimento | kaugushüpe | [kaugushʉpe] |
|---|---|---|
| salto (m) à vara | teivashüpe | [tejʊashʉpe] |
| atleta (m) de saltos | hüppaja | [hʉppaja] |

## 114. Tipos de desportos. Diversos

| futebol (m) americano | ameerika jalgpall | [ame:rika jalʲgpalʲ] |
|---|---|---|
| badminton (m) | sulgpall | [sulʲgpalʲ] |
| biatlo (m) | laskesuusatamine | [laskesu:satamine] |
| bilhar (m) | piljard | [piljart] |

| bobsled (m) | bobisõit | [bobisɜit] |
|---|---|---|
| musculação (f) | bodybilding | [bodybilʲding] |
| polo (m) aquático | veepall | [ʊe:palʲ] |
| andebol (m) | väravpall | [ʊæraʊpalʲ] |
| golfe (m) | golf | [golf] |

| remo (m) | sõudmine | [sɜudmine] |
|---|---|---|
| mergulho (m) | allveeujumine | [alʲʊe:ujumine] |
| corrida (f) de esqui | murdmaasuusatamine | [murdma:su:satamine] |
| ténis (m) de mesa | lauatennis | [lauatennis] |

| vela (f) | purjesport | [purjesport] |
|---|---|---|
| rali (m) | ralli | [ralʲi] |
| râguebi (m) | rägbi | [rægbi] |
| snowboard (m) | lumelauasõit | [lumelauasɜit] |
| tiro (m) com arco | vibulaskmine | [ʊibulaskmine] |

## 115. Ginásio

| barra (f) | kang | [kang] |
|---|---|---|
| halteres (m pl) | hantlid | [hantlit] |
| aparelho (m) de musculaçao | trenazöör | [trenazø:r] |

| bicicleta (f) ergométrica | velotrenazöör | [velotrenazø:r] |
| passadeira (f) de corrida | jooksurada | [jo:ksurada] |

| barra (f) fixa | võimlemiskang | [vɜimlemiskang] |
| barras (f) paralelas | rööbaspuud | [rø:baspu:t] |
| cavalo (m) | hobune | [hobune] |
| tapete (m) de ginástica | matt | [matt] |

| corda (f) de saltar | hüppenöör | [hʉppenø:r] |
| aeróbica (f) | aeroobika | [aero:bika] |
| ioga (f) | jooga | [jo:ga] |

## 116. Desportos. Diversos

| Jogos (m pl) Olímpicos | Olümpiamängud | [olʉmpiamæŋgut] |
| vencedor (m) | võitja | [vɜitja] |
| vencer (vi) | võitma | [vɜitma] |
| vencer, ganhar (vi) | võitma | [vɜitma] |

| líder (m) | liider | [li:der] |
| liderar (vt) | liidriks olema | [li:driks olema] |

| primeiro lugar (m) | esimene koht | [esimene koht] |
| segundo lugar (m) | teine koht | [tejne koht] |
| terceiro lugar (m) | kolmas koht | [kolʲmas koht] |

| medalha (f) | medal | [medalʲ] |
| troféu (m) | trofee | [trofe:] |
| taça (f) | karikas | [karikas] |
| prémio (m) | auhind | [auhint] |
| prémio (m) principal | peaauhind | [pea:uhint] |

| recorde (m) | rekord | [rekort] |
| estabelecer um recorde | rekordit püstitama | [rekordit pʉsʲtitama] |

| final (m) | finaal | [fina:lʲ] |
| final | finaal- | [fina:l-] |

| campeão (m) | tšempion | [tʃempion] |
| campeonato (m) | meistrivõistlused | [mejsʲtrivɜisʲtluset] |

| estádio (m) | staadion | [sʲta:dion] |
| bancadas (f pl) | tribüün | [tribʉ:n] |
| fã, adepto (m) | poolehoidja | [po:lehojdja] |
| adversário (m) | vastane | [vasʲtane] |

| partida (f) | start | [sʲtart] |
| chegada, meta (f) | finiš | [finiʃ] |

| derrota (f) | kaotus | [kaotus] |
| perder (vt) | kaotama | [kaotama] |

| árbitro (m) | kohtunik | [kohtunik] |
| júri (m) | žürii | [ʒʉri:] |

| resultado (m) | seis | [sejs] |
| empate (m) | viik | [ʋi:k] |
| empatar (vi) | viiki mängima | [ʋi:ki mæŋgima] |
| ponto (m) | punkt | [punkt] |
| resultado (m) final | tulemus | [tulemus] |

| tempo, período (m) | periood | [perio:t] |
| intervalo (m) | vaheaeg | [ʋaheaeg] |
| doping (m) | doping | [doping] |
| penalizar (vt) | karistama | [karisˈtama] |
| desqualificar (vt) | diskvalifitseerima | [diskʋalifitse:rima] |

| aparelho (m) | vahend | [ʋahent] |
| dardo (m) | oda | [oda] |
| peso (m) | kuul | [ku:lʲ] |
| bola (f) | kuul | [ku:lʲ] |

| alvo, objetivo (m) | sihtmärk | [sihtmærk] |
| alvo (~ de papel) | märklaud | [mærklaut] |
| atirar, disparar (vi) | tulistama | [tulisˈtama] |
| preciso (tiro ~) | tabamine | [tabamine] |

| treinador (m) | treener | [tre:ner] |
| treinar (vt) | treenima | [tre:nima] |
| treinar-se (vr) | treenima | [tre:nima] |
| treino (m) | trenn | [trenn] |

| ginásio (m) | spordisaal | [spordisa:lʲ] |
| exercício (m) | harjutus | [harjutus] |
| aquecimento (m) | soojendus | [so:jendus] |

# Educação

## 117. Escola

| | | |
|---|---|---|
| escola (f) | kool | [ko:lʲ] |
| diretor (m) de escola | koolidirektor | [ko:lidirektor] |
| | | |
| aluno (m) | õpilane | [ɜpilane] |
| aluna (f) | õpilane | [ɜpilane] |
| escolar (m) | kooliõpilane | [ko:liɜpilane] |
| escolar (f) | koolitüdruk | [ko:litʉdruk] |
| | | |
| ensinar (vt) | õpetama | [ɜpetama] |
| aprender (vt) | õppima | [ɜppima] |
| aprender de cor | pähe õppima | [pæhe ɜppima] |
| | | |
| estudar (vi) | õppima | [ɜppima] |
| andar na escola | koolis käima | [ko:lis kæjma] |
| ir à escola | kooli minema | [ko:li minema] |
| | | |
| alfabeto (m) | tähestik | [tæhesʲtik] |
| disciplina (f) | õppeaine | [ɜppeaine] |
| | | |
| sala (f) de aula | klass | [klass] |
| lição (f) | tund | [tunt] |
| recreio (m) | vahetund | [ʋahetunt] |
| toque (m) | kell | [kelʲ] |
| carteira (f) | koolipink | [ko:lipink] |
| quadro (m) negro | tahvel | [tahʋelʲ] |
| | | |
| nota (f) | hinne | [hinne] |
| boa nota (f) | hea hinne | [hea hinne] |
| nota (f) baixa | halb hinne | [halʲb hinne] |
| dar uma nota | hinnet panema | [hinnet panema] |
| | | |
| erro (m) | viga | [ʋiga] |
| fazer erros | vigu tegema | [ʋigu tegema] |
| corrigir (vt) | parandama | [parandama] |
| cábula (f) | spikker | [spikker] |
| | | |
| dever (m) de casa | kodune ülesanne | [kodune ʉlesanne] |
| exercício (m) | harjutus | [harjutus] |
| | | |
| estar presente | kohal olema | [kohalʲ olema] |
| estar ausente | puuduma | [pu:duma] |
| faltar às aulas | puuduma koolist | [pu:duma ko:lisʲt] |
| | | |
| punir (vt) | karistama | [karisʲtama] |
| punição (f) | karistus | [karisʲtus] |
| comportamento (m) | käitumine | [kæjtumine] |

| | | |
|---|---|---|
| boletim (m) escolar | päevik | [pæəʋik] |
| lápis (m) | pliiats | [pli:ats] |
| borracha (f) | kustutuskumm | [kusʲtutuskumm] |
| giz (m) | kriit | [kri:t] |
| estojo (m) | pinal | [pinalʲ] |

| | | |
|---|---|---|
| pasta (f) escolar | portfell | [portfelʲ] |
| caneta (f) | sulepea | [sulepea] |
| caderno (m) | vihik | [ʋihik] |
| manual (m) escolar | õpik | [ɜpik] |
| compasso (m) | sirkel | [sirkelʲ] |

| | | |
|---|---|---|
| traçar (vt) | joonestama | [jo:nesʲtama] |
| desenho (m) técnico | joonis | [jo:nis] |

| | | |
|---|---|---|
| poesia (f) | luuletus | [lu:letus] |
| de cor | peas olema | [peas olema] |
| aprender de cor | pähe õppima | [pæhe ɜppima] |

| | | |
|---|---|---|
| férias (f pl) | koolivaheaeg | [ko:liʋaheaeg] |
| estar de férias | koolivaheajal olema | [ko:liʋaheajalʲ olema] |
| passar as férias | puhkust veetma | [puhkusʲt ʋe:tma] |

| | | |
|---|---|---|
| teste (m) | kontrolltöö | [kontrolʲtɜ:] |
| composição, redação (f) | kirjand | [kirjant] |
| ditado (m) | etteütlus | [etteʉtlus] |
| exame (m) | eksam | [eksam] |
| fazer exame | eksamit sooritama | [eksamit so:ritama] |
| experiência (~ química) | katse | [katse] |

## 118. Colégio. Universidade

| | | |
|---|---|---|
| academia (f) | akadeemia | [akade:mia] |
| universidade (f) | ülikool | [ʉliko:lʲ] |
| faculdade (f) | teaduskond | [teaduskont] |

| | | |
|---|---|---|
| estudante (m) | üliõpilane | [ʉliɜpilane] |
| estudante (f) | üliõpilane | [ʉliɜpilane] |
| professor (m) | õppejõud | [ɜppejɜut] |

| | | |
|---|---|---|
| sala (f) de palestras | auditoorium | [audito:rium] |
| graduado (m) | ülikoolilõpetaja | [ʉliko:lilɜpetaja] |

| | | |
|---|---|---|
| diploma (m) | diplom | [diplom] |
| tese (f) | väitekiri | [ʋæjtekiri] |

| | | |
|---|---|---|
| estudo (obra) | teaduslik töö | [teaduslik tɜ:] |
| laboratório (m) | labor | [labor] |

| | | |
|---|---|---|
| palestra (f) | loeng | [loeng] |
| colega (m) de curso | kursusekaaslane | [kursuseka:slane] |

| | | |
|---|---|---|
| bolsa (f) de estudos | stipendium | [sʲtipendium] |
| grau (m) académico | teaduslik kraad | [teaduslik kra:t] |

## 119. Ciências. Disciplinas

| | | |
|---|---|---|
| matemática (f) | **matemaatika** | [matema:tika] |
| álgebra (f) | **algebra** | [alˈgebra] |
| geometria (f) | **geomeetria** | [geome:tria] |
| astronomia (f) | **astronoomia** | [asˈtrono:mia] |
| biologia (f) | **bioloogia** | [biolo:gia] |
| geografia (f) | **geograafia** | [geogra:fia] |
| geologia (f) | **geoloogia** | [geolo:gia] |
| história (f) | **ajalugu** | [ajalugu] |
| medicina (f) | **meditsiin** | [meditsi:n] |
| pedagogia (f) | **pedagoogika** | [pedago:gika] |
| direito (m) | **õigus** | [ɜigus] |
| física (f) | **füüsika** | [fʉ:sika] |
| química (f) | **keemia** | [ke:mia] |
| filosofia (f) | **filosoofia** | [filoso:fia] |
| psicologia (f) | **psühholoogia** | [psʉhholo:gia] |

## 120. Sistema de escrita. Ortografia

| | | |
|---|---|---|
| gramática (f) | **grammatika** | [grammatika] |
| vocabulário (m) | **sõnavara** | [sɜnauara] |
| fonética (f) | **foneetika** | [fone:tika] |
| substantivo (m) | **nimisõnad** | [nimisɜnat] |
| adjetivo (m) | **omadussõnad** | [omadussɜnat] |
| verbo (m) | **tegusõna** | [tegusɜna] |
| advérbio (m) | **määrsõna** | [mæ:rsɜna] |
| pronome (m) | **asesõna** | [asesɜna] |
| interjeição (f) | **hüüdsõna** | [hʉ:dsɜna] |
| preposição (f) | **eessõna** | [e:ssɜna] |
| raiz (f) da palavra | **sõna tüvi** | [sɜna tʉui] |
| terminação (f) | **lõpp** | [lɜpp] |
| prefixo (m) | **eesliide** | [e:sli:de] |
| sílaba (f) | **silp** | [silˈp] |
| sufixo (m) | **järelliide** | [jærelˈi:de] |
| acento (m) | **rõhk** | [rɜhk] |
| apóstrofo (m) | **apostroof** | [aposˈtro:f] |
| ponto (m) | **punkt** | [punkt] |
| vírgula (f) | **koma** | [koma] |
| ponto e vírgula (m) | **semikoolon** | [semiko:lon] |
| dois pontos (m pl) | **koolon** | [ko:lon] |
| reticências (f pl) | **kolmpunkt** | [kolˈmpunkt] |
| ponto (m) de interrogação | **küsimärk** | [kʉsimærk] |
| ponto (m) de exclamação | **hüüumärk** | [hʉ:umærk] |

| aspas (f pl) | jutumärgid | [jutumærgit] |
|---|---|---|
| entre aspas | jutumärkides | [jutumærkides] |
| parênteses (m pl) | sulud | [sulut] |
| entre parênteses | sulgudes | [sulʲgudes] |

| hífen (m) | sidekriips | [sidekri:ps] |
|---|---|---|
| travessão (m) | mõttekriips | [mɜttekri:ps] |
| espaço (m) | sõnavahe | [sɜnaʊahe] |

| letra (f) | täht | [tæht] |
|---|---|---|
| letra (f) maiúscula | suur algustäht | [su:r alʲgusʲtæht] |

| vogal (f) | täishäälik | [tæjshæ:lik] |
|---|---|---|
| consoante (f) | kaashäälik | [ka:shæ:lik] |

| frase (f) | pakkumine | [pakkumine] |
|---|---|---|
| sujeito (m) | alus | [alus] |
| predicado (m) | öeldis | [øelʲdis] |

| linha (f) | rida | [rida] |
|---|---|---|
| em uma nova linha | uuelt realt | [u:elʲt realʲt] |
| parágrafo (m) | lõik | [lɜik] |

| palavra (f) | sõna | [sɜna] |
|---|---|---|
| grupo (m) de palavras | sõnaühend | [sɜnaʉhent] |
| expressão (f) | väljend | [ʋæljent] |
| sinónimo (m) | sünonüüm | [sʉnonʉ:m] |
| antónimo (m) | antonüüm | [antonʉ:m] |

| regra (f) | reegel | [re:gelʲ] |
|---|---|---|
| exceção (f) | erand | [erant] |
| correto | õige | [ɜige] |

| conjugação (f) | pööramine | [pø:ramine] |
|---|---|---|
| declinação (f) | käänamine | [kæ:namine] |
| caso (m) | kääne | [kæ:ne] |
| pergunta (f) | küsimus | [kʉsimus] |
| sublinhar (vt) | alla kriipsutama | [alʲæ kri:psutama] |
| linha (f) pontilhada | punktiir | [punkti:r] |

## 121. Línguas estrangeiras

| língua (f) | keel | [ke:lʲ] |
|---|---|---|
| estrangeiro | võõr- | [ʋɜ:r-] |
| língua (f) estrangeira | võõrkeel | [ʋɜ:rke:lʲ] |
| estudar (vt) | uurima | [u:rima] |
| aprender (vt) | õppima | [ɜppima] |

| ler (vt) | lugema | [lugema] |
|---|---|---|
| falar (vi) | rääkima | [ræ:kima] |
| compreender (vt) | aru saama | [aru sa:ma] |
| escrever (vt) | kirjutama | [kirjutama] |
| rapidamente | kiiresti | [ki:resʲti] |
| devagar | aeglaselt | [aeglaselʲt] |

| fluentemente | vabalt | [ʋabalʲt] |
|---|---|---|
| regras (f pl) | reeglid | [reːglit] |
| gramática (f) | grammatika | [grammatika] |
| vocabulário (m) | sõnavara | [sɜnaʋara] |
| fonética (f) | foneetika | [foneːtika] |

| manual (m) escolar | õpik | [ɜpik] |
|---|---|---|
| dicionário (m) | sõnaraamat | [sɜnaraːmat] |
| manual (m) de autoaprendizagem | õpik iseõppijaile | [ɜpik iseɜppijaile] |
| guia (m) de conversação | vestmik | [ʋesʲtmik] |

| cassete (f) | kassett | [kassett] |
|---|---|---|
| vídeo cassete (m) | videokassett | [ʋideokassett] |
| CD (m) | CD-plaat | [tsede plaːt] |
| DVD (m) | DVD | [dʋt] |

| alfabeto (m) | tähestik | [tæhesʲtik] |
|---|---|---|
| soletrar (vt) | veerima | [ʋeːrima] |
| pronúncia (f) | hääldamine | [hæːlʲdamine] |

| sotaque (m) | aktsent | [aktsent] |
|---|---|---|
| com sotaque | aktsendiga | [aktsendiga] |
| sem sotaque | ilma aktsendita | [ilʲma aktsendita] |

| palavra (f) | sõna | [sɜna] |
|---|---|---|
| sentido (m) | mõiste | [mɜisʲte] |

| cursos (m pl) | kursused | [kursuset] |
|---|---|---|
| inscrever-se (vr) | kirja panema | [kirja panema] |
| professor (m) | õppejõud | [ɜppejɜut] |

| tradução (processo) | tõlkimine | [tɜlʲkimine] |
|---|---|---|
| tradução (texto) | tõlge | [tɜlʲge] |
| tradutor (m) | tõlk | [tɜlʲk] |
| intérprete (m) | tõlk | [tɜlʲk] |

| poliglota (m) | polüglott | [polʉglott] |
|---|---|---|
| memória (f) | mälu | [mælu] |

## 122. Personagens de contos de fadas

| Pai (m) Natal | Jõuluvana | [jɜuluʋana] |
|---|---|---|
| Cinderela (f) | Tuhkatriinu | [tuhkatriːnu] |
| sereia (f) | Näkineid | [nækinejt] |
| Neptuno (m) | Neptunus | [neptunus] |

| mago (m) | võlur | [ʋɜlur] |
|---|---|---|
| fada (f) | võlur | [ʋɜlur] |
| mágico | võlu- | [ʋɜlu-] |
| varinha (f) mágica | võlukepike | [ʋɜlukepike] |

| conto (m) de fadas | muinasjutt | [mujnasjutt] |
|---|---|---|
| milagre (m) | ime | [ime] |

| | | |
|---|---|---|
| anão (m) | päkapikk | [pækapikk] |
| transformar-se em ... | ... muutuda | [... mu:tuda] |

| | | |
|---|---|---|
| fantasma (m) | viirastus | [ʋi:rasⁱtus] |
| espetro (m) | kummitus | [kummitus] |
| monstro (m) | koletis | [koletis] |
| dragão (m) | draakon | [dra:kon] |
| gigante (m) | hiiglane | [hi:glane] |

## 123. Signos do Zodíaco

| | | |
|---|---|---|
| Carneiro | Jäär | [jæ:r] |
| Touro | Sõnn | [sɜnn] |
| Gémeos | Kaksikud | [kaksikut] |
| Caranguejo | Vähk | [ʋæhk] |
| Leão | Lõvi | [lɜʋi] |
| Virgem (f) | Neitsi | [nejtsi] |

| | | |
|---|---|---|
| Balança | Kaalud | [ka:lut] |
| Escorpião | Skorpion | [skorpion] |
| Sagitário | Ambur | [ambur] |
| Capricórnio | Kaljukits | [kaljukits] |
| Aquário | Veevalaja | [ʋe:ʋalaja] |
| Peixes | Kalad | [kalat] |

| | | |
|---|---|---|
| caráter (m) | iseloom | [iselo:m] |
| traços (m pl) do caráter | iseloomujooned | [iselo:mujo:net] |
| comportamento (m) | käitumine | [kæjtumine] |
| predizer (vt) | ennustama | [ennusⁱtama] |
| adivinha (f) | ennustaja | [ennusⁱtaja] |
| horóscopo (m) | horoskoop | [horosko:p] |

# Artes

## 124. Teatro

| | | |
|---|---|---|
| teatro (m) | teater | [teater] |
| ópera (f) | ooper | [o:per] |
| opereta (f) | operett | [operett] |
| balé (m) | ballett | [balʲett] |
| | | |
| cartaz (m) | kuulutus | [ku:lutus] |
| companhia (f) teatral | trupp | [trupp] |
| turné (digressão) | külalisetendus | [külalisetendus] |
| estar em turné | gastroleerima | [gasʲtrole:rima] |
| ensaiar (vt) | proovi tegema | [pro:ʋi tegema] |
| ensaio (m) | proov | [pro:ʋ] |
| repertório (m) | repertuaar | [repertua:r] |
| | | |
| apresentação (f) | etendus | [etendus] |
| espetáculo (m) | etendus | [etendus] |
| peça (f) | näidend | [næjdent] |
| | | |
| bilhete (m) | pilet | [pilet] |
| bilheteira (f) | piletikassa | [piletikassa] |
| hall (m) | hall | [halʲ] |
| guarda-roupa (m) | riietehoid | [ri:etehojt] |
| senha (f) numerada | riidehoiunumber | [ri:dehojunumber] |
| binóculo (m) | binokkel | [binokkelʲ] |
| lanterninha (m) | kontrolör | [kontrolør] |
| | | |
| plateia (f) | parter | [parter] |
| balcão (m) | rõdu | [rɜdu] |
| primeiro balcão (m) | esindusrõdu | [esindusrɜdu] |
| camarote (m) | loož | [lo:ʒ] |
| fila (f) | rida | [rida] |
| assento (m) | koht | [koht] |
| | | |
| público (m) | publik | [publik] |
| espetador (m) | vaataja | [ʋa:taja] |
| aplaudir (vt) | aplodeerima | [aplode:rima] |
| aplausos (m pl) | aplaus | [aplaus] |
| ovação (f) | ovatsioon | [oʋatsio:n] |
| | | |
| palco (m) | lava | [laʋa] |
| pano (m) de boca | eesriie | [e:sri:e] |
| cenário (m) | dekoratsioonid | [dekoratsio:nit] |
| bastidores (m pl) | kulissid | [kulissit] |
| | | |
| cena (f) | stseen | [sʲtse:n] |
| ato (m) | akt | [akt] |
| entreato (m) | vaheaeg | [ʋaheaeg] |

## 125. Cinema

| | | |
|---|---|---|
| ator (m) | näitleja | [næjtleja] |
| atriz (f) | näitlejanna | [nnaitlejanna] |
| cinema (m) | kino | [kinø] |
| filme (m) | kino | [kino] |
| episódio (m) | seeria | [se:ria] |
| filme (m) policial | kriminaalfilm | [krimina:lfilʲm] |
| filme (m) de ação | l*öökfilm | [lø:kfilʲm] |
| filme (m) de aventuras | põnevusfilm | [pɜneʊusfilʲm] |
| filme (m) de ficção científica | aimefilm | [aimefilʲm] |
| filme (m) de terror | õudusfilm | [ɜudusfilʲm] |
| comédia (f) | komöödiafilm | [komø:diafilʲm] |
| melodrama (m) | melodraama | [melodra:ma] |
| drama (m) | draama | [dra:ma] |
| filme (m) ficcional | mängufilm | [mæŋgufilʲm] |
| documentário (m) | tõsielufilm | [tɜsielufilʲm] |
| desenho (m) animado | animafilm | [animafilʲm] |
| cinema (m) mudo | tummfilm | [tummfilʲm] |
| papel (m) | osa | [osa] |
| papel (m) principal | peaosa | [peaosa] |
| representar (vt) | mängima | [mæŋgima] |
| estrela (f) de cinema | filmitäht | [filʲmitæht] |
| conhecido | tuntud | [tuntut] |
| famoso | kuulus | [ku:lus] |
| popular | populaarne | [popula:rne] |
| argumento (m) | stsenaarium | [sʲtsena:rium] |
| argumentista (m) | stsenarist | [sʲtsenarisʲt] |
| realizador (m) | lavastaja | [laʊasʲtaja] |
| produtor (m) | produtsent | [produtsent] |
| assistente (m) | assistent | [assisʲtent] |
| diretor (m) de fotografia | operaator | [opera:tor] |
| duplo (m) | kaskadöör | [kaskadø:r] |
| duplo (m) de corpo | dublant | [dublant] |
| filmar (vt) | filmi võtma | [filʲmi ʊɜtma] |
| audição (f) | proovid | [pro:ʊit] |
| filmagem (f) | filmivõtted | [filʲmiʊɜttet] |
| equipe (f) de filmagem | võttegrupp | [ʊɜttegrupp] |
| set (m) de filmagem | võtteplats | [ʊɜtteplats] |
| câmara (f) | kinokaamera | [kinoka:mera] |
| cinema (m) | kino | [kino] |
| ecrã (m), tela (f) | ekraan | [ekra:n] |
| exibir um filme | filmi näitama | [filʲmi næjtama] |
| pista (f) sonora | heliriba | [heliriba] |
| efeitos (m pl) especiais | trikid | [trikit] |

| legendas (f pl) | subtiitrid | [subti:trit] |
| crédito (m) | tiitrid | [ti:trit] |
| tradução (f) | tõlge | [tɜlʲge] |

## 126. Pintura

| arte (f) | kunst | [kunsʲt] |
| belas-artes (f pl) | kaunid kunstid | [kaunit kunsʲtit] |
| galeria (f) de arte | galerii | [galeri:] |
| exposição (f) de arte | maalinäitus | [ma:linæjtus] |

| pintura (f) | maalikunst | [ma:likunsʲt] |
| arte (f) gráfica | graafika | [gra:fika] |
| arte (f) abstrata | abstraktsionism | [absʲtraktsionism] |
| impressionismo (m) | impressionism | [impressionism] |

| pintura (f), quadro (m) | maal | [ma:lʲ] |
| desenho (m) | joonistus | [jo:nisʲtus] |
| cartaz, póster (m) | plakat | [plakat] |

| ilustração (f) | illustratsioon | [ilʲusʲtratsio:n] |
| miniatura (f) | miniatuur | [miniatu:r] |
| cópia (f) | ärakiri | [ærakiri] |
| reprodução (f) | repro | [repro] |

| mosaico (m) | mosaiik | [mosai:k] |
| vitral (m) | vitraaž | [ʋitra:ʒ] |
| fresco (m) | fresko | [fresko] |
| gravura (f) | gravüür | [graʋʉ:r] |

| busto (m) | rinnakuju | [rinnakuju] |
| escultura (f) | skulptuur | [skulʲptu:r] |
| estátua (f) | raidkuju | [raidkuju] |
| gesso (m) | kips | [kips] |
| em gesso | kipsist | [kipsisʲt] |

| retrato (m) | portree | [portre:] |
| autorretrato (m) | autoportree | [autoportre:] |
| paisagem (f) | maastikumaal | [ma:sʲtikuma:lʲ] |
| natureza (f) morta | natüürmort | [natʉ:rmort] |
| caricatura (f) | karikatuur | [karikatu:r] |
| esboço (m) | visand | [ʋisant] |

| tinta (f) | värv | [ʋærʋ] |
| aguarela (f) | akvarell | [akʋarelʲ] |
| óleo (m) | õli | [ɜli] |
| lápis (m) | pliiats | [pli:ats] |
| tinta da China (f) | tušš | [tuʃʃ] |
| carvão (m) | süsi | [sʉsi] |

| desenhar (vt) | joonistama | [jo:nisʲtama] |
| pintar (vt) | joonistama | [jo:nisʲtama] |
| posar (vi) | poseerima | [pose:rima] |
| modelo (m) | modell | [modelʲ] |

| modelo (f) | modell | [modelʲ] |
| pintor (m) | kunstnik | [kunsʲtnik] |
| obra (f) | teos | [teos] |
| obra-prima (f) | meistriteos | [mejsʲtriteos] |
| estúdio (m) | ateljee | [atelje:] |

| tela (f) | lõuend | [lɜuent] |
| cavalete (m) | molbert | [molʲbert] |
| paleta (f) | palett | [palett] |

| moldura (f) | raam | [ra:m] |
| restauração (f) | ennistamine | [ennisʲtamine] |
| restaurar (vt) | ennistama | [ennisʲtama] |

## 127. Literatura & Poesia

| literatura (f) | kirjandus | [kirjandus] |
| autor (m) | autor | [autor] |
| pseudónimo (m) | pseudonüüm | [pseudonʉ:m] |

| livro (m) | raamat | [ra:mat] |
| volume (m) | köide | [køide] |
| índice (m) | sisukord | [sisukort] |
| página (f) | lehekülg | [lehekʉlʲg] |
| protagonista (m) | peategelane | [peategelane] |
| autógrafo (m) | autogramm | [autogramm] |

| conto (m) | jutt | [jutt] |
| novela (f) | jutustus | [jutusʲtus] |
| romance (m) | romaan | [roma:n] |
| obra (f) | teos | [teos] |
| fábula (m) | valm | [ʋalʲm] |
| romance (m) policial | kriminull | [kriminulʲ] |

| poesia (obra) | luuletus | [lu:letus] |
| poesia (arte) | luule | [lu:le] |
| poema (m) | poeem | [poe:m] |
| poeta (m) | luuletaja | [lu:letaja] |

| ficção (f) | ilukirjandus | [ilukirjandus] |
| ficção (f) científica | aimekirjandus | [aimekirjandus] |
| aventuras (f pl) | seiklused | [sejkluset] |
| literatura (f) didática | õppekirjandus | [ɜppekirjandus] |
| literatura (f) infantil | lastekirjandus | [lasʲtekirjandus] |

## 128. Circo

| circo (m) | tsirkus | [tsirkus] |
| circo (m) ambulante | rändtsirkus | [rændtsirkus] |
| programa (m) | programm | [programm] |
| apresentação (f) | etendus | [etendus] |
| número (m) | number | [number] |

| arena (f) | areen | [are:n] |
| pantomima (f) | pantomiim | [pantomi:m] |
| palhaço (m) | kloun | [kloun] |

| acrobata (m) | akrobaat | [akroba:t] |
| acrobacia (f) | akrobaatika | [akroba:tika] |
| ginasta (m) | võimleja | [ʋɜimleja] |
| ginástica (f) | võimlemine | [ʋɜimlemine] |
| salto (m) mortal | salto | [salʲto] |

| homem forte (m) | atleet | [atle:t] |
| domador (m) | taltsutaja | [talʲtsutaja] |
| cavaleiro (m) equilibrista | ratsutaja | [ratsutaja] |
| assistente (m) | assistent | [assisʲtent] |

| truque (m) | trikk | [trikk] |
| truque (m) de mágica | fookus | [fo:kus] |
| mágico (m) | mustkunstnik | [musʲtkunsʲtnik] |

| malabarista (m) | žonglöör | [ʒonglø:r] |
| fazer malabarismos | žongleerima | [ʒongle:rima] |
| domador (m) | dresseerija | [dresse:rija] |
| adestramento (m) | dresseerimine | [dresse:rimine] |
| adestrar (vt) | dresseerima | [dresse:rima] |

## 129. Música. Música popular

| música (f) | muusika | [mu:sika] |
| músico (m) | muusik | [mu:sik] |
| instrumento (m) musical | muusikariist | [mu:sikari:sʲt] |
| tocar ... | ... mängima | [... mæŋgima] |

| guitarra (f) | kitarr | [kitarr] |
| violino (m) | viiul | [ʋi:ulʲ] |
| violoncelo (m) | tšello | [tʃelʲo] |
| contrabaixo (m) | kontrabass | [kontrabass] |
| harpa (f) | harf | [harf] |

| piano (m) | klaver | [klaʋer] |
| piano (m) de cauda | tiibklaver | [ti:bklaʋer] |
| órgão (m) | orel | [orelʲ] |

| instrumentos (m pl) de sopro | puhkpillid | [puhkpilʲit] |
| oboé (m) | oboe | [oboe] |
| saxofone (m) | saksofon | [saksofon] |
| clarinete (m) | klarnet | [klarnet] |
| flauta (f) | flööt | [flø:t] |
| trompete (m) | trompet | [trompet] |

| acordeão (m) | akordion | [akordion] |
| tambor (m) | trumm | [trumm] |

| duo, dueto (m) | duett | [duett] |
| trio (m) | trio | [trio] |

| | | |
|---|---|---|
| quarteto (m) | kvartett | [kʋartett] |
| coro (m) | koor | [koːr] |
| orquestra (f) | orkester | [orkesʲter] |
| | | |
| música (f) pop | popmuusika | [popmuːsika] |
| música (f) rock | rokkmuusika | [rokkmuːsika] |
| grupo (m) de rock | rokkansambel | [rokkansambelʲ] |
| jazz (m) | džäss | [dʒæss] |
| | | |
| ídolo (m) | ebajumal | [ebajumalʲ] |
| fã, admirador (m) | austaja | [ausʲtaja] |
| | | |
| concerto (m) | kontsert | [kontsert] |
| sinfonia (f) | sümfoonia | [sɯmfoːnia] |
| composição (f) | teos | [teos] |
| compor (vt) | looma | [loːma] |
| | | |
| canto (m) | laulmine | [laulʲmine] |
| canção (f) | laul | [laulʲ] |
| melodia (f) | viis | [ʋiːs] |
| ritmo (m) | rütm | [rɯtm] |
| blues (m) | bluus | [bluːs] |
| | | |
| notas (f pl) | noodid | [noːdit] |
| batuta (f) | kepp | [kepp] |
| arco (m) | poogen | [poːgen] |
| corda (f) | keel | [keːlʲ] |
| estojo (m) | vutlar | [ʋutlar] |

# Descanso. Entretenimento. Viagens

## 130. Viagens

| | | |
|---|---|---|
| turismo (m) | turism | [turism] |
| turista (m) | turist | [turisʲt] |
| viagem (f) | reis | [rejs] |
| aventura (f) | seiklus | [sejklus] |
| viagem (f) | sõit | [sɜit] |
| | | |
| férias (f pl) | puhkus | [puhkus] |
| estar de férias | puhkusel olema | [puhkuselʲ olema] |
| descanso (m) | puhkus | [puhkus] |
| | | |
| comboio (m) | rong | [rong] |
| de comboio (chegar ~) | rongiga | [rongiga] |
| avião (m) | lennuk | [lennuk] |
| de avião | lennukiga | [lennukiga] |
| de carro | autoga | [autoga] |
| de navio | laevaga | [laeʋaga] |
| | | |
| bagagem (f) | pagas | [pagas] |
| mala (f) | kohver | [kohʋer] |
| carrinho (m) | pagasikäru | [pagasikæru] |
| | | |
| passaporte (m) | pass | [pass] |
| visto (m) | viisa | [ʋiːsa] |
| bilhete (m) | pilet | [pilet] |
| bilhete (m) de avião | lennukipilet | [lennukipilet] |
| | | |
| guia (m) de viagem | teejuht | [teːjuht] |
| mapa (m) | kaart | [kaːrt] |
| local (m), area (f) | ala | [ala] |
| lugar, sítio (m) | koht | [koht] |
| | | |
| exotismo (m) | eksootika | [eksoːtika] |
| exótico | eksootiline | [eksoːtiline] |
| surpreendente | üllatav | [ʉlʲætaʋ] |
| | | |
| grupo (m) | grupp | [grupp] |
| excursão (f) | ekskursioon | [ekskursioːn] |
| guia (m) | ekskursioonijuht | [ekskursioːnijuht] |

## 131. Hotel

| | | |
|---|---|---|
| hotel (m) | võõrastemaja | [ʋɜːrasʲtemaja] |
| hotel (m) | hotell | [hotelʲ] |
| motel (m) | motell | [motelʲ] |

| | | |
|---|---|---|
| três estrelas | kolm tärni | [kol'm tærni] |
| cinco estrelas | viis tärni | [ʋi:s tærni] |
| ficar (~ num hotel) | peatuma | [peatuma] |

| | | |
|---|---|---|
| quarto (m) | number | [number] |
| quarto (m) individual | üheinimesetuba | [uhejnimesetuba] |
| quarto (m) duplo | kaheinimesetuba | [kahejnimesetuba] |
| reservar um quarto | tuba kinni panema | [tuba kinni panema] |

| | | |
|---|---|---|
| meia pensão (f) | poolpansion | [po:l'pansion] |
| pensão (f) completa | täispansion | [tæjspansion] |
| com banheira | vannitoaga | [ʋannitoaga] |
| com duche | dušiga | [duʃiga] |
| televisão (m) satélite | satelliittelevisioon | [satel'i:tteleʋisio:n] |
| ar (m) condicionado | konditsioneer | [konditsione:r] |
| toalha (f) | käterätik | [kæterætik] |
| chave (f) | võti | [ʋɜti] |

| | | |
|---|---|---|
| administrador (m) | administraator | [adminis'tra:tor] |
| camareira (f) | toatüdruk | [toatʉdruk] |
| bagageiro (m) | pakikandja | [pakikandja] |
| porteiro (m) | uksehoidja | [uksehojdja] |

| | | |
|---|---|---|
| restaurante (m) | restoran | [res'toran] |
| bar (m) | baar | [ba:r] |
| pequeno-almoço (m) | hommikusöök | [hommikusø:k] |
| jantar (m) | õhtusöök | [ɜhtusø:k] |
| buffet (m) | rootsi laud | [ro:tsi laut] |

| | | |
|---|---|---|
| hall (m) de entrada | vestibüül | [ʋes'tibʉ:l'] |
| elevador (m) | lift | [lift] |

| | | |
|---|---|---|
| NÃO PERTURBE | MITTE SEGADA | [mitte segada] |
| PROIBIDO FUMAR! | MITTE SUITSETADA! | [mitte suitsetada!] |

## 132. Livros. Leitura

| | | |
|---|---|---|
| livro (m) | raamat | [ra:mat] |
| autor (m) | autor | [autor] |
| escritor (m) | kirjanik | [kirjanik] |
| escrever (vt) | kirjutama | [kirjutama] |

| | | |
|---|---|---|
| leitor (m) | lugeja | [lugeja] |
| ler (vt) | lugema | [lugema] |
| leitura (f) | lugemine | [lugemine] |

| | | |
|---|---|---|
| para si | omaette | [omaette] |
| em voz alta | valjusti | [ʋaljus'ti] |

| | | |
|---|---|---|
| publicar (vt) | välja andma | [ʋælja andma] |
| publicação (f) | trükk | [trʉkk] |
| editor (m) | kirjastaja | [kirjas'taja] |
| editora (f) | kirjastus | [kirjas'tus] |
| sair (vi) | ilmuma | [il'muma] |

| lançamento (m) | ilmumine | [ilʲmumine] |
| tiragem (f) | tiraaž | [tiraːʒ] |

| livraria (f) | raamatukauplus | [raːmatukauplus] |
| biblioteca (f) | raamatukogu | [raːmatukogu] |

| novela (f) | jutustus | [jutusʲtus] |
| conto (m) | jutt | [jutt] |
| romance (m) | romaan | [romaːn] |
| romance (m) policial | kriminull | [kriminulʲ] |

| memórias (f pl) | memuaarid | [memuaːrit] |
| lenda (f) | legend | [legent] |
| mito (m) | müüt | [mʉːt] |

| poesia (f) | luuletused | [luːletuset] |
| autobiografia (f) | elulugu | [elulugu] |
| obras (f pl) escolhidas | valitud teosed | [ʋalitut teoset] |
| ficção (f) científica | aimekirjandus | [aimekirjandus] |

| título (m) | nimetus | [nimetus] |
| introdução (f) | sissejuhatus | [sissejuhatus] |
| folha (f) de rosto | tiitelleht | [tiːtelʲeht] |

| capítulo (m) | peatükk | [peatʉkk] |
| excerto (m) | katkend | [katkent] |
| episódio (m) | episood | [episoːt] |

| tema (m) | süžee | [sʉʒeː] |
| conteúdo (m) | sisu | [sisu] |
| índice (m) | sisukord | [sisukort] |
| protagonista (m) | peategelane | [peategelane] |

| tomo, volume (m) | köide | [køide] |
| capa (f) | kaas | [kaːs] |
| encadernação (f) | köide | [køide] |
| marcador (m) de livro | järjehoidja | [jærjehojdja] |

| página (f) | lehekülg | [lehekʉlʲg] |
| folhear (vt) | lehitsema | [lehitsema] |
| margem (f) | ääred | [æːret] |
| anotação (f) | märge | [mærge] |
| nota (f) de rodapé | märkus | [mærkus] |

| texto (m) | tekst | [teksʲt] |
| fonte (f) | kiri | [kiri] |
| gralha (f) | trükiviga | [trʉkiʋiga] |

| tradução (f) | tõlge | [tɤlʲge] |
| traduzir (vt) | tõlkima | [tɤlʲkima] |
| original (m) | originaal | [originaːlʲ] |

| famoso | kuulus | [kuːlus] |
| desconhecido | tundmatu | [tundmatu] |
| interessante | huvitav | [huʋitaʋ] |
| best-seller (m) | menuraamat | [menuraːmat] |

| dicionário (m) | sõnaraamat | [sɜnara:mat] |
| manual (m) escolar | õpik | [ɜpik] |
| enciclopédia (f) | entsüklopeedia | [entsʉklope:dia] |

## 133. Caça. Pesca

| caça (f) | küttimine | [kʉttimine] |
| caçar (vi) | jahil käima | [jahilʲ kæjma] |
| caçador (m) | jahimees | [jahime:s] |

| atirar (vi) | tulistama | [tulisʲtama] |
| caçadeira (f) | püss | [pʉss] |
| cartucho (m) | padrun | [padrun] |
| chumbo (m) de caça | haavlid | [ha:ʋlit] |

| armadilha (f) | püünis | [pʉ:nis] |
| armadilha (com corda) | lõks | [lɜks] |
| cair na armadilha | lõksu langema | [lɜksu langema] |
| pôr a armadilha | püüniseid üles panema | [pʉ:nisejt ʉles panema] |

| caçador (m) furtivo | salakütt | [salakʉtt] |
| caça (f) | metslinnud | [metslinnut] |
| cão (m) de caça | jahikoer | [jahikoer] |
| safári (m) | safari | [safari] |
| animal (m) empalhado | topis | [topis] |

| pescador (m) | kalamees | [kalame:s] |
| pesca (f) | kalapüük | [kalapʉ:k] |
| pescar (vt) | kala püüdma | [kala pʉ:dma] |

| cana (f) de pesca | õng | [ɜng] |
| linha (f) de pesca | õngenöör | [ɜngenø:r] |
| anzol (m) | õngekonks | [ɜngekonks] |

| boia (f) | õngekork | [ɜngekork] |
| isca (f) | sööt | [sø:t] |

| lançar a linha | õnge vette viskama | [ɜnge ʋette ʋiskama] |
| morder (vt) | näkkima | [nækkima] |

| pesca (f) | kalasaak | [kalasa:k] |
| buraco (m) no gelo | jääauk | [jæ::uk] |

| rede (f) | võrk | [ʋɜrk] |
| barco (m) | paat | [pa:t] |

| pescar com rede | võrguga püüdma | [ʋɜrguga pʉ:dma] |
| lançar a rede | võrku vette heitma | [ʋɜrku ʋette hejtma] |
| puxar a rede | võrku välja tõmbama | [ʋɜrku ʋælja tɜmbama] |
| cair nas malhas | võrku langema | [ʋɜrku langema] |

| baleeiro (m) | vaalapüük | [ʋa:lapʉ:k] |
| baleeira (f) | vaalapüügilaev | [ʋa:lapʉ:gilaeʋ] |
| arpão (m) | harpuun | [harpu:n] |

## 134. Jogos. Bilhar

| | | |
|---|---|---|
| bilhar (m) | piljard | [piljart] |
| sala (f) de bilhar | piljardiruum | [piljardiru:m] |
| bola (f) de bilhar | piljardikuul | [piljardiku:lʲ] |
| embolsar uma bola | kuuli ajama | [ku:li ajama] |
| taco (m) | kii | [ki:] |
| caçapa (f) | piljardiauk | [piljardiauk] |

## 135. Jogos. Jogar cartas

| | | |
|---|---|---|
| ouros (m pl) | ruutu | [ru:tu] |
| espadas (f pl) | poti | [poti] |
| copas (f pl) | ärtu | [ærtu] |
| paus (m pl) | risti | [risʲti] |
| ás (m) | äss | [æss] |
| rei (m) | kuningas | [kuningas] |
| dama (f) | daam | [da:m] |
| valete (m) | soldat | [solʲdat] |
| carta (f) de jogar | kaart | [ka:rt] |
| cartas (f pl) | kaardid | [ka:rdit] |
| trunfo (m) | trump | [trump] |
| baralho (m) | kaardipakk | [ka:rdipakk] |
| ponto (m) | punkt, silm | [punkt], [silʲm] |
| dar, distribuir (vt) | kaarte välja jagama | [ka:rte ʋælja jagama] |
| embaralhar (vt) | kaarte segama | [ka:rte segama] |
| vez, jogada (f) | käik | [kæjk] |
| batoteiro (m) | suli | [suli] |

## 136. Descanso. Jogos. Diversos

| | | |
|---|---|---|
| passear (vi) | jalutama | [jalutama] |
| passeio (m) | jalutuskäik | [jalutuskæjk] |
| viagem (f) de carro | lõbusõit | [lɜbusɜit] |
| aventura (f) | seiklus | [sejklus] |
| piquenique (m) | piknik | [piknik] |
| jogo (m) | mäng | [mæng] |
| jogador (m) | mängija | [mængija] |
| partida (f) | partii | [parti:] |
| colecionador (m) | kollektsionäär | [kolʲektsionæ:r] |
| colecionar (vt) | koguma | [koguma] |
| coleção (f) | kollektsioon | [kolʲektsio:n] |
| palavras (f pl) cruzadas | ristsõna | [risʲtsɜna] |
| hipódromo (m) | hipodroom | [hipodro:m] |

| discoteca (f) | disko | [disko] |
| sauna (f) | saun | [saun] |
| lotaria (f) | loterii | [loteri:] |

| campismo (m) | matk | [matk] |
| acampamento (m) | laager | [la:ger] |
| tenda (f) | telk | [telʲk] |
| bússola (f) | kompass | [kompass] |
| campista (m) | matkaja | [matkaja] |

| ver (vt), assistir à ... | vaatama | [ʋa:tama] |
| telespectador (m) | televaataja | [teleʋa:taja] |
| programa (m) de TV | telesaade | [telesa:de] |

## 137. Fotografia

| máquina (f) fotográfica | fotoaparaat | [fotoapara:t] |
| foto, fotografia (f) | foto | [foto] |

| fotógrafo (m) | fotograaf | [fotogra:f] |
| estúdio (m) fotográfico | fotostuudio | [fotosʲtu:dio] |
| álbum (m) de fotografias | fotoalbum | [fotoalʲbum] |

| objetiva (f) | objektiiv | [objekti:ʋ] |
| teleobjetiva (f) | teleobjektiiv | [teleobjekti:ʋ] |
| filtro (m) | filter | [filʲter] |
| lente (f) | lääts | [lʲæ:ts] |

| ótica (f) | optika | [optika] |
| abertura (f) | diafragma | [diafragma] |
| exposição (f) | säriaeg | [særiaeg] |
| visor (m) | näidik | [næjdik] |

| câmara (f) digital | videokaamera | [ʋideoka:mera] |
| tripé (m) | statiiv | [sʲtati:ʋ] |
| flash (m) | välkvalgus | [ʋælʲkʋalʲgus] |

| fotografar (vt) | pildistama | [pilʲdisʲtama] |
| tirar fotos | üles võtma | [ɯles ʋɤtma] |
| fotografar-se | pildistama | [pilʲdisʲtama] |

| foco (m) | teravus | [teraʋus] |
| focar (vt) | teravust reguleerima | [teraʋusʲt regule:rima] |
| nítido | terav | [teraʋ] |
| nitidez (f) | teravus | [teraʋus] |

| contraste (m) | kontrast | [kontrasʲt] |
| contrastante | kontrastne | [kontrasʲtne] |

| retrato (m) | foto | [foto] |
| negativo (m) | negatiiv | [negati:ʋ] |
| filme (m) | filmilint | [filʲmilint] |
| fotograma (m) | kaader | [ka:der] |
| imprimir (vt) | trükkima | [trɯkkima] |

## 138. Praia. Natação

| praia (f) | supelrand | [supelʲrant] |
| areia (f) | liiv | [liːʋ] |
| deserto | inimtühi | [inimtʉhi] |

| bronzeado (m) | päevitus | [pæəʋitus] |
| bronzear-se (vr) | päevitama | [pæəʋitama] |
| bronzeado | päevitunud | [pæəʋitunut] |
| protetor (m) solar | päevituskreem | [pæəʋituskreːm] |

| biquíni (m) | bikiinid | [bikiːnit] |
| fato (m) de banho | trikoo | [trikoː] |
| calção (m) de banho | supelpüksid | [supelʲpʉksit] |

| piscina (f) | bassein | [bassejn] |
| nadar (vi) | ujuma | [ujuma] |
| duche (m) | dušš | [duʃʃ] |
| mudar de roupa | ümber riietuma | [ʉmber riːetuma] |
| toalha (f) | käterätik | [kæterætik] |

| barco (m) | paat | [paːt] |
| lancha (f) | kaater | [kaːter] |
| esqui (m) aquático | veesuusad | [ʋeːsuːsat] |
| barco (m) de pedais | vesivelo | [ʋesiʋelo] |
| surf (m) | purjelaud | [purjelaut] |
| surfista (m) | purjelaudur | [purjelaudur] |

| equipamento (m) de mergulho | akvalang | [akʋalang] |
| barbatanas (f pl) | lestad | [lesʲtat] |
| máscara (f) | mask | [mask] |
| mergulhador (m) | sukelduja | [sukelʲduja] |
| mergulhar (vi) | sukelduma | [sukelʲduma] |
| debaixo d'água | vee all | [ʋeː alʲ] |

| guarda-sol (m) | päevavari | [pæəʋaʋari] |
| espreguiçadeira (f) | lamamistool | [lamamisʲtoːlʲ] |
| óculos (m pl) de sol | päikeseprillid | [pæjkeseprilʲit] |
| colchão (m) de ar | ujumismadrats | [ujumismadrats] |

| brincar (vi) | mängima | [mængima] |
| ir nadar | suplema | [suplema] |

| bola (f) de praia | pall | [palʲ] |
| encher (vt) | täis puhuma | [tæjs puhuma] |
| inflável, de ar | täispuhutav | [tæjspuhutaʋ] |

| onda (f) | laine | [laine] |
| boia (f) | poi | [poj] |
| afogar-se (pessoa) | uppuma | [uppuma] |

| salvar (vt) | päästma | [pæːsʲtma] |
| colete (m) salva-vidas | päästevest | [pæːsʲteʋesʲt] |
| observar (vt) | jälgima | [jælʲgima] |
| nadador-salvador (m) | päästja | [pæːsʲtja] |

# EQUIPAMENTO TÉCNICO. TRANSPORTES

## Equipamento técnico. Transportes

### 139. Computador

| | | |
|---|---|---|
| computador (m) | arvuti | [aruuti] |
| portátil (m) | sülearvuti | [sʉlearʋuti] |
| | | |
| ligar (vt) | sisse lülitama | [sisse lʉlitama] |
| desligar (vt) | välja lülitama | [ʋælja lʉlitama] |
| | | |
| teclado (m) | klaviatuur | [klaʋiatu:r] |
| tecla (f) | klahv | [klahʋ] |
| rato (m) | hiir | [hi:r] |
| tapete (m) de rato | hiirevaip | [hi:reʋaip] |
| | | |
| botão (m) | nupp | [nupp] |
| cursor (m) | kursor | [kursor] |
| | | |
| monitor (m) | kuvar | [kuʋar] |
| ecrã (m) | ekraan | [ekra:n] |
| | | |
| disco (m) rígido | kõvaketas | [kɜʋaketas] |
| capacidade (f) do disco rígido | kõvaketta mälumaht | [kɜʋaketta mælumaht] |
| memória (f) | mälu | [mælu] |
| memória RAM (f) | operatiivmälu | [operati:ʋmælu] |
| | | |
| ficheiro (m) | fail | [faili] |
| pasta (f) | kataloog | [katalo:g] |
| abrir (vt) | avama | [aʋama] |
| fechar (vt) | sulgema | [suligema] |
| | | |
| guardar (vt) | salvestama | [saliʋesitama] |
| apagar, eliminar (vt) | eemaldama | [e:malidama] |
| copiar (vt) | kopeerima | [kope:rima] |
| ordenar (vt) | sorteerima | [sorte:rima] |
| copiar (vt) | ümber kirjutama | [ʉmber kirjutama] |
| | | |
| programa (m) | programm | [programm] |
| software (m) | tarkvara | [tarkʋara] |
| programador (m) | programmeerija | [programme:rija] |
| programar (vt) | programmeerima | [programme:rima] |
| | | |
| hacker (m) | häkker | [hækker] |
| senha (f) | parool | [paro:li] |
| vírus (m) | viirus | [ʋi:rus] |
| detetar (vt) | avastama | [aʋasitama] |
| byte (m) | bait | [bait] |

127

| megabyte (m) | megabait | [megabait] |
| dados (m pl) | andmed | [andmet] |
| base (f) de dados | andmebaas | [andmeba:s] |

| cabo (m) | kaabel | [ka:belʲ] |
| desconectar (vt) | välja lülitama | [vælja lʉlitama] |
| conetar (vt) | ühendama | [ʉhendama] |

## 140. Internet. E-mail

| internet (f) | internet | [internet] |
| browser (m) | brauser | [brauser] |
| motor (m) de busca | otsimisressurss | [otsimisressurss] |
| provedor (m) | provaider | [provaider] |

| webmaster (m) | veebimeister | [ve:bimejsʲter] |
| website, sítio web (m) | veebilehekülg | [ve:bilehekʉlʲg] |
| página (f) web | veebilehekülg | [ve:bilehekʉlʲg] |

| endereço (m) | aadress | [a:dress] |
| livro (m) de endereços | aadressiraamat | [a:dressira:mat] |

| caixa (f) de correio | postkast | [posʲtkasʲt] |
| correio (m) | post | [posʲt] |
| cheia (caixa de correio) | täis | [tæjs] |

| mensagem (f) | teade | [teade] |
| mensagens (f pl) recebidas | sissetulevad sõnumid | [sissetulevat sɜnumit] |
| mensagens (f pl) enviadas | väljaminevad sõnumid | [væljaminevat sɜnumit] |
| remetente (m) | saatja | [sa:tja] |
| enviar (vt) | saatma | [sa:tma] |
| envio (m) | saatmine | [sa:tmine] |
| destinatário (m) | saaja | [sa:ja] |
| receber (vt) | kätte saama | [kætte sa:ma] |

| correspondência (f) | kirjavahetus | [kirjavahetus] |
| corresponder-se (vr) | kirjavahetuses olema | [kirjavahetuses olema] |

| ficheiro (m) | fail | [failʲ] |
| fazer download, baixar | allalaadimine | [alʲæla:dimine] |
| criar (vt) | tegema | [tegema] |
| apagar, eliminar (vt) | eemaldama | [e:malʲdama] |
| eliminado | eemaldatud | [e:malʲdatut] |

| conexão (f) | side | [side] |
| velocidade (f) | kiirus | [ki:rus] |
| modem (m) | modem | [modem] |
| acesso (m) | juurdepääs | [ju:rdepæ:s] |
| porta (f) | port | [port] |

| conexão (f) | lülitus | [lʉlitus] |
| conetar (vi) | sisse lülitama | [sisse lʉlitama] |
| escolher (vt) | valima | [valima] |
| buscar (vt) | otsima | [otsima] |

# Transportes

## 141. Avião

| | | |
|---|---|---|
| avião (m) | lennuk | [lennuk] |
| bilhete (m) de avião | lennukipilet | [lennukipilet] |
| companhia (f) aérea | lennukompanii | [lennukompani:] |
| aeroporto (m) | lennujaam | [lennuja:m] |
| supersónico | ülehelikiiruse | [ʉleheliki:ruse] |
| | | |
| comandante (m) do avião | lennukikomandör | [lennukikomandør] |
| tripulação (f) | meeskond | [me:skont] |
| piloto (m) | piloot | [pilo:t] |
| hospedeira (f) de bordo | stjuardess | [sʲtjuardess] |
| copiloto (m) | tüürimees | [tʉrime:s] |
| | | |
| asas (f pl) | tiivad | [ti:ʋat] |
| cauda (f) | saba | [saba] |
| cabine (f) de pilotagem | kabiin | [kabi:n] |
| motor (m) | mootor | [mo:tor] |
| trem (m) de aterragem | telik | [telik] |
| turbina (f) | turbiin | [turbi:n] |
| | | |
| hélice (f) | propeller | [propelʲer] |
| caixa-preta (f) | must kast | [musʲt kasʲt] |
| coluna (f) de controlo | tüür | [tʉ:r] |
| combustível (m) | kütus | [kʉtus] |
| | | |
| instruções (f pl) de segurança | instruktsioon | [insʲtruktsio:n] |
| máscara (f) de oxigénio | hapnikumask | [hapnikumask] |
| uniforme (m) | vormiriietus | [ʋormiri:etus] |
| | | |
| colete (m) salva-vidas | päästevest | [pæ:sʲteʋesʲt] |
| paraquedas (m) | langevari | [langeʋari] |
| | | |
| descolagem (f) | õhkutõusmine | [ɜhkutɜusmine] |
| descolar (vi) | õhku tõusma | [ɜhku tɜusma] |
| pista (f) de descolagem | tõusurada | [tɜusurada] |
| | | |
| visibilidade (f) | nähtavus | [næhtaʋus] |
| voo (m) | lend | [lent] |
| | | |
| altura (f) | kõrgus | [kɜrgus] |
| poço (m) de ar | õhuauk | [ɜhuauk] |
| | | |
| assento (m) | koht | [koht] |
| auscultadores (m pl) | kõrvaklapid | [kɜrʋaklapit] |
| mesa (f) rebatível | klapplaud | [klapplaut] |
| vigia (f) | illuminaator | [ilʲumina:tor] |
| passagem (f) | vahekäik | [ʋahekæjk] |

## 142. Comboio

| | | |
|---|---|---|
| comboio (m) | rong | [rong] |
| comboio (m) suburbano | elektrirong | [elektrirong] |
| comboio (m) rápido | kiirrong | [ki:rrong] |
| locomotiva (f) diesel | mootorvedur | [mo:torʋedur] |
| locomotiva (f) a vapor | auruvedur | [auruʋedur] |
| | | |
| carruagem (f) | vagun | [ʋagun] |
| carruagem restaurante (f) | restoranvagun | [resⁱtoranʋagun] |
| | | |
| carris (m pl) | rööpad | [rø:pat] |
| caminho de ferro (m) | raudtee | [raudte:] |
| travessa (f) | liiper | [li:per] |
| | | |
| plataforma (f) | platvorm | [platʋorm] |
| linha (f) | tee | [te:] |
| semáforo (m) | semafor | [semafor] |
| estação (f) | jaam | [ja:m] |
| | | |
| maquinista (m) | vedurijuht | [ʋedurijuht] |
| bagageiro (m) | pakikandja | [pakikandja] |
| hospedeiro, -a | vagunisaatja | [ʋagunisa:tja] |
| (da carruagem) | | |
| passageiro (m) | reisija | [rejsija] |
| revisor (m) | kontrolör | [kontrolør] |
| | | |
| corredor (m) | koridor | [koridor] |
| freio (m) de emergência | hädapidur | [hædapidur] |
| | | |
| compartimento (m) | kupee | [kupe:] |
| cama (f) | nari | [nari] |
| cama (f) de cima | ülemine nari | [ɯlemine nari] |
| cama (f) de baixo | alumine nari | [alumine nari] |
| roupa (f) de cama | voodipesu | [ʋo:dipesu] |
| | | |
| bilhete (m) | pilet | [pilet] |
| horário (m) | sõiduplaan | [sɜidupla:n] |
| painel (m) de informação | tabloo | [tablo:] |
| | | |
| partir (vt) | väljuma | [ʋæljuma] |
| partida (f) | väljumine | [ʋæljumine] |
| chegar (vi) | saabuma | [sa:buma] |
| chegada (f) | saabumine | [sa:bumine] |
| | | |
| chegar de comboio | rongiga saabuma | [rongiga sa:buma] |
| apanhar o comboio | rongile minema | [rongile minema] |
| sair do comboio | rongilt maha minema | [rongilⁱt maha minema] |
| | | |
| acidente (m) ferroviário | rongiõnnetus | [rongiɜnnetus] |
| descarrilar (vi) | rööbastelt maha jooksma | [rø:basⁱtelⁱt maha jo:ksma] |
| locomotiva (f) a vapor | auruvedur | [auruʋedur] |
| fogueiro (m) | kütja | [kɯtja] |
| fornalha (f) | kolle | [kolⁱe] |
| carvão (m) | süsi | [sɯsi] |

## 143. Barco

| | | |
|---|---|---|
| navio (m) | **laev** | [laeʊ] |
| embarcação (f) | **laev** | [laeʊ] |
| | | |
| vapor (m) | **aurik** | [aurik] |
| navio (m) | **mootorlaev** | [mo:torlaeʊ] |
| transatlântico (m) | **liinilaev** | [li:nilaeʊ] |
| cruzador (m) | **ristleja** | [risʲtleja] |
| | | |
| iate (m) | **jaht** | [jaht] |
| rebocador (m) | **puksiir** | [puksi:r] |
| barcaça (f) | **lodi** | [lodi] |
| ferry (m) | **parvlaev** | [parʊlaeʊ] |
| | | |
| veleiro (m) | **purjelaev** | [purjelaeʊ] |
| bergantim (m) | **brigantiin** | [briganti:n] |
| | | |
| quebra-gelo (m) | **jäälõhkuja** | [jææ:lɜhkuja] |
| submarino (m) | **allveelaev** | [alʲʊe:laeʊ] |
| | | |
| bote, barco (m) | **paat** | [pa:t] |
| bote, dingue (m) | **luup** | [lu:p] |
| bote (m) salva-vidas | **päästepaat** | [pææ:sʲtepa:t] |
| lancha (f) | **kaater** | [ka:ter] |
| | | |
| capitão (m) | **kapten** | [kapten] |
| marinheiro (m) | **madrus** | [madrus] |
| marujo (m) | **meremees** | [mereme:s] |
| tripulação (f) | **meeskond** | [me:skont] |
| | | |
| contramestre (m) | **pootsman** | [po:tsman] |
| grumete (m) | **junga** | [junga] |
| cozinheiro (m) de bordo | **kokk** | [kokk] |
| médico (m) de bordo | **laevaarst** | [laeʊa:rsʲt] |
| | | |
| convés (m) | **tekk** | [tekk] |
| mastro (m) | **mast** | [masʲt] |
| vela (f) | **puri** | [puri] |
| | | |
| porão (m) | **trümm** | [trʉmm] |
| proa (f) | **vöör** | [ʊøː r] |
| popa (f) | **ahter** | [ahter] |
| remo (m) | **aer** | [aer] |
| hélice (f) | **kruvi** | [kruʊi] |
| | | |
| camarote (m) | **kajut** | [kajut] |
| sala (f) dos oficiais | **ühiskajut** | [ʉhiskajut] |
| sala (f) das máquinas | **masinaruum** | [masinaru:m] |
| ponte (m) de comando | **kaptenisild** | [kaptenisilʲt] |
| sala (f) de comunicações | **raadiosõlm** | [ra:diosɜlʲm] |
| onda (f) de rádio | **raadiolaine** | [ra:diolaine] |
| diário (m) de bordo | **logiraamat** | [logira:mat] |
| luneta (f) | **pikksilm** | [pikksilʲm] |
| sino (m) | **kirikukell** | [kirikukelʲ] |

| bandeira (f) | lipp | [lipp] |
|---|---|---|
| cabo (m) | köis | [køis] |
| nó (m) | sõlm | [sɜlʲm] |

| corrimão (m) | käsipuu | [kæsipu:] |
|---|---|---|
| prancha (f) de embarque | trapp | [trapp] |

| âncora (f) | ankur | [ankur] |
|---|---|---|
| recolher a âncora | ankur sisse | [ankur sisse] |
| lançar a âncora | ankur välja | [ankur ʋælja] |
| amarra (f) | ankrukett | [ankrukett] |

| porto (m) | sadam | [sadam] |
|---|---|---|
| cais, amarradouro (m) | sadam | [sadam] |
| atracar (vi) | randuma | [randuma] |
| desatracar (vi) | kaldast eemalduma | [kalʲdasʲt e:malʲduma] |

| viagem (f) | reis | [rejs] |
|---|---|---|
| cruzeiro (m) | kruiis | [krui:s] |
| rumo (m), rota (f) | kurss | [kurss] |
| itinerário (m) | marsruut | [marsru:t] |

| canal (m) navegável | laevasõidutee | [laeʋasɜidute:] |
|---|---|---|
| banco (m) de areia | madalik | [madalik] |
| encalhar (vt) | madalikule jääma | [madalikule jæ:ma] |

| tempestade (f) | torm | [torm] |
|---|---|---|
| sinal (m) | signaal | [signa:lʲ] |
| afundar-se (vr) | uppuma | [uppuma] |
| Homem ao mar! | Mees üle parda! | [me:s ule parda!] |
| SOS | SOS | [sos] |
| boia (f) salva-vidas | päästerõngas | [pæ:sʲterɜngas] |

## 144. Aeroporto

| aeroporto (m) | lennujaam | [lennuja:m] |
|---|---|---|
| avião (m) | lennuk | [lennuk] |
| companhia (f) aérea | lennukompanii | [lennukompani:] |
| controlador (m) de tráfego aéreo | dispetšer | [dispetʃer] |

| partida (f) | väljalend | [ʋæljalent] |
|---|---|---|
| chegada (f) | saabumine | [sa:bumine] |
| chegar (~ de avião) | saabuma | [sa:buma] |

| hora (f) de partida | väljalennuaeg | [ʋæljalennuaeg] |
|---|---|---|
| hora (f) de chegada | saabumisaeg | [sa:bumisaeg] |

| estar atrasado | hilinema | [hilinema] |
|---|---|---|
| atraso (m) de voo | väljalend hilineb | [ʋæljalent hilineb] |

| painel (m) de informação | teadetetabloo | [teadetetablo:] |
|---|---|---|
| informação (f) | teave | [teaʋe] |
| anunciar (vt) | teatama | [teatama] |

| voo (m) | reis | [rejs] |
|---|---|---|
| alfândega (f) | toll | [tolʲ] |
| funcionário (m) da alfândega | tolliametnik | [tolʲiametnik] |

| declaração (f) alfandegária | deklaratsioon | [deklaratsio:n] |
|---|---|---|
| preencher (vt) | täitma | [tæjtma] |
| preencher a declaração | deklaratsiooni täitma | [deklaratsio:ni tæjtma] |
| controlo (m) de passaportes | passikontroll | [passikontrolʲ] |

| bagagem (f) | pagas | [pagas] |
|---|---|---|
| bagagem (f) de mão | käsipakid | [kæsipakit] |
| carrinho (m) | pagasikäru | [pagasikæru] |

| aterragem (f) | maandumine | [ma:ndumine] |
|---|---|---|
| pista (f) de aterragem | maandumisrada | [ma:ndumisrada] |
| aterrar (vi) | maanduma | [ma:nduma] |
| escada (f) de avião | lennukitrepp | [lennukitrepp] |

| check-in (m) | registreerimine | [regisʲtre:rimine] |
|---|---|---|
| balcão (m) do check-in | registreerimiselett | [regisʲtre:rimiselett] |
| fazer o check-in | registreerima | [regisʲtre:rima] |
| cartão (m) de embarque | lennukissemineku talong | [lennukissemineku talong] |
| porta (f) de embarque | lennukisse minek | [lennukisse minek] |

| trânsito (m) | transiit | [transi:t] |
|---|---|---|
| esperar (vi, vt) | ootama | [o:tama] |
| sala (f) de espera | ooteruum | [o:teru:m] |
| despedir-se de ... | saatma | [sa:tma] |
| despedir-se (vr) | hüvasti jätma | [hʉʋasʲti jætma] |

## 145. Bicicleta. Motocicleta

| bicicleta (f) | jalgratas | [jalʲgratas] |
|---|---|---|
| scotter, lambreta (f) | motoroller | [motorolʲer] |
| mota (f) | mootorratas | [mo:torratas] |

| ir de bicicleta | jalgrattaga sõitma | [jalʲgrattaga sɜitma] |
|---|---|---|
| guiador (m) | rool | [ro:lʲ] |
| pedal (m) | pedaal | [peda:lʲ] |
| travões (m pl) | pidur | [pidur] |
| selim (m) | sadul | [sadulʲ] |

| bomba (f) de ar | pump | [pump] |
|---|---|---|
| porta-bagagens (m) | pakiruum | [pakiru:m] |
| lanterna (f) | lamp | [lamp] |
| capacete (m) | kiiver | [ki:ʋer] |

| roda (f) | ratas | [ratas] |
|---|---|---|
| guarda-lamas (m) | poritiib | [poriti:b] |
| aro (m) | velg | [ʋelʲg] |
| raio (m) | kodar | [kodar] |

# Carros

## 146. Tipos de carros

| | | |
|---|---|---|
| carro, automóvel (m) | auto | [auto] |
| carro (m) desportivo | spordiauto | [spordiauto] |
| limusine (f) | limusiin | [limusi:n] |
| todo o terreno (m) | maastur | [ma:sʲtur] |
| descapotável (m) | kabriolett | [kabriolett] |
| minibus (m) | väikebuss | [ʋæjkebuss] |
| ambulância (f) | kiirabi | [ki:rabi] |
| limpa-neve (m) | lumekoristusauto | [lumekorisʲtusauto] |
| camião (m) | veoauto | [ʋeoauto] |
| camião-cisterna (m) | bensiiniauto | [bensi:niauto] |
| carrinha (f) | furgoon | [furgo:n] |
| camião-trator (m) | veduk | [ʋeduk] |
| atrelado (m) | järelkäru | [jærelʲkæru] |
| confortável | mugav | [mugaʋ] |
| usado | kasutatud | [kasutatut] |

## 147. Carros. Carroçaria

| | | |
|---|---|---|
| capô (m) | kapott | [kapott] |
| guarda-lamas (m) | tiib | [ti:b] |
| tejadilho (m) | katus | [katus] |
| para-brisa (m) | tuuleklaas | [tu:lekla:s] |
| espelho (m) retrovisor | tahavaatepeegel | [tahaʋa:tepe:gelʲ] |
| lavador (m) | uhtuja | [uhtuja] |
| limpa-para-brisas (m) | klaasipuhasti | [kla:sipuhasʲti] |
| vidro (m) lateral | küljeklaas | [kʉljekla:s] |
| elevador (m) do vidro | klaasitõstja | [kla:sitɜsʲtja] |
| antena (f) | antenn | [antenn] |
| teto solar (m) | luuk | [lu:k] |
| para-choques (m pl) | kaitseraud | [kaitseraut] |
| bagageira (f) | pakiruum | [pakiru:m] |
| bagageira (f) de tejadilho | pakiraam | [pakira:m] |
| porta (f) | uksed | [ukset] |
| maçaneta (f) | ukselink | [ukselink] |
| fechadura (f) | lukk | [lukk] |
| matrícula (f) | autonumber | [autonumber] |
| silenciador (m) | summutaja | [summutaja] |

| Português | Estoniano | Pronúncia |
|---|---|---|
| tanque (m) de gasolina | bensiinipaak | [bensi:nipa:k] |
| tubo (m) de escape | heitgaasitoru | [hejtga:sitoru] |
| acelerador (m) | gaas | [ga:s] |
| pedal (m) | pedaal | [peda:lʲ] |
| pedal (m) do acelerador | gaasipedaal | [ga:sipeda:lʲ] |
| travão (m) | pidur | [pidur] |
| pedal (m) do travão | piduripedaal | [piduripeda:lʲ] |
| travar (vt) | pidurdama | [pidurdama] |
| travão (m) de mão | seisupidur | [sejsupidur] |
| embraiagem (f) | sidur | [sidur] |
| pedal (m) da embraiagem | siduripedaal | [siduripeda:lʲ] |
| disco (m) de embraiagem | siduriketas | [siduriketas] |
| amortecedor (m) | amortisaator | [amortisa:tor] |
| roda (f) | ratas | [ratas] |
| pneu (m) sobresselente | tagavararatas | [tagaʋararatas] |
| pneu (m) | rehv | [rehʋ] |
| tampão (m) de roda | kilp | [kilʲp] |
| rodas (f pl) motrizes | veorattad | [ʋeorattat] |
| de tração dianteira | eesveoga | [e:sʋeoga] |
| de tração traseira | tagaveoga | [tagaʋeoga] |
| de tração às 4 rodas | täisveoga | [tæjsʋeoga] |
| caixa (f) de mudanças | käigukast | [kæjgukasʲt] |
| automático | automaatne | [automa:tne] |
| mecânico | mehaaniline | [meha:niline] |
| alavanca (f) das mudanças | käigukang | [kæjgukang] |
| farol (m) | latern | [latern] |
| faróis, luzes | laternad | [laternat] |
| médios (m pl) | lähituled | [lʲæhitulet] |
| máximos (m pl) | kaugtuled | [kaugtulet] |
| luzes (f pl) de stop | stopp-signaal | [sʲtopp-signa:lʲ] |
| mínimos (m pl) | gabariittuled | [gabari:ttulet] |
| luzes (f pl) de emergência | avariituled | [aʋari:tulet] |
| faróis (m pl) antinevoeiro | udulaternad | [udulaternat] |
| pisca-pisca (m) | pöörmetuled | [pø:rmetulet] |
| luz (f) de marcha atrás | tagasikäik | [tagasikæjk] |

## 148. Carros. Habitáculo

| Português | Estoniano | Pronúncia |
|---|---|---|
| interior (m) do carro | sõitjateruum | [sɜitjateru:m] |
| de couro, de pele | nahast | [nahasʲt] |
| de veludo | veluurist | [ʋelu:risʲt] |
| estofos (m pl) | kattematerjal | [kattematerjalʲ] |
| indicador (m) | seade | [seade] |
| painel (m) de instrumentos | armatuurlaud | [armatu:rlaut] |

| velocímetro (m) | spidomeeter | [spidome:ter] |
| ponteiro (m) | nool | [no:lʲ] |

| conta-quilómetros (m) | taksomeeter | [taksome:ter] |
| sensor (m) | andur | [andur] |
| nível (m) | tase | [tase] |
| luz (f) avisadora | elektripirn | [elektripirn] |

| volante (m) | rool, rooliratas | [ro:l, ro:liratas] |
| buzina (f) | signaal | [signa:lʲ] |
| botão (m) | nupp | [nupp] |
| interruptor (m) | suunatuli | [su:natuli] |

| assento (m) | iste | [isʲte] |
| costas (f pl) do assento | seljatugi | [seljatugi] |
| cabeceira (f) | peatugi | [peatugi] |
| cinto (m) de segurança | turvavöö | [turʋaʋø:] |
| apertar o cinto | turvavööd kinni panema | [turʋaʋø:t kinni panema] |
| regulação (f) | reguleerimine | [regule:rimine] |

| airbag (m) | õhkpadi | [ɜhkpadi] |
| ar (m) condicionado | konditsioneer | [konditsione:r] |

| rádio (m) | raadio | [ra:dio] |
| leitor (m) de CD | CD-mängija | [ʦede mæŋgija] |
| ligar (vt) | sisse lülitama | [sisse lʉlitama] |
| antena (f) | antenn | [antenn] |
| porta-luvas (m) | kindalaegas | [kindalaegas] |
| cinzeiro (m) | tuhatoos | [tuhato:s] |

## 149. Carros. Motor

| motor (m) | mootor | [mo:tor] |
| diesel | diisel | [di:selʲ] |
| a gasolina | bensiini | [bensi:ni] |

| cilindrada (f) | mootorimaht | [mo:torimaht] |
| potência (f) | võimsus | [ʋɜimsus] |
| cavalo-vapor (m) | hobujõud | [hobujɜut] |
| pistão (m) | kolb | [kolʲb] |
| cilindro (m) | silinder | [silinder] |
| válvula (f) | klapp | [klapp] |

| injetor (m) | suru-jugapump | [suru-jugapump] |
| gerador (m) | generaator | [genera:tor] |
| carburador (m) | karburaator | [karbura:tor] |
| óleo (m) para motor | mootoriõli | [mo:toriɜli] |

| radiador (m) | radiaator | [radia:tor] |
| refrigerante (m) | jahutusvedelik | [jahutusʋedelik] |
| ventilador (m) | ventilaator | [ʋentila:tor] |

| bateria (f) | aku | [aku] |
| dispositivo (m) de arranque | käiviti | [kæjʋiti] |

136

| ignição (f) | süüde | [suː:de] |
| vela (f) de ignição | süüteküünal | [suː:tekuː:nalʲ] |

| borne (m) | klemm | [klemm] |
| borne (m) positivo | pluss | [pluss] |
| borne (m) negativo | miinus | [miːnus] |
| fusível (m) | kaitse | [kaitse] |

| filtro (m) de ar | õhufilter | [ɜhufilʲter] |
| filtro (m) de óleo | õlifilter | [ɜlifilʲter] |
| filtro (m) de combustível | kütusefilter | [kutusefilʲter] |

## 150. Carros. Batidas. Reparação

| acidente (m) de carro | avarii | [auari:] |
| acidente (m) rodoviário | liiklusõnnetus | [liːklusɜnnetus] |
| ir contra ... | sisse sõitma | [sisse sɜitma] |
| sofrer um acidente | purunema | [purunema] |
| danos (m pl) | vigastus | [uigasʲtus] |
| intato | terve | [terue] |

| avaria (no motor, etc.) | rike | [rike] |
| avariar (vi) | purunema | [purunema] |
| cabo (m) de reboque | puksiirtross | [puksiːrtross] |

| furo (m) | auk | [auk] |
| estar furado | tühjaks minema | [tuhjaks minema] |
| encher (vt) | täis pumpama | [tæjs pumpama] |
| pressão (f) | rõhk | [rɜhk] |
| verificar (vt) | kontrollima | [kontrolʲima] |

| reparação (f) | remont | [remont] |
| oficina (f) de reparação de carros | autoremonditöökoda | [autoremonditøː:koda] |
| peça (f) sobresselente | varuosa | [uaruosa] |
| peça (f) | detail | [detailʲ] |

| parafuso (m) | polt | [polʲt] |
| parafuso (m) | vint | [uint] |
| porca (f) | mutter | [mutter] |
| anilha (f) | seib | [sejb] |
| rolamento (m) | kuullaager | [kuː:lʲæː:ger] |

| tubo (m) | toru | [toru] |
| junta (f) | tihend | [tihent] |
| fio, cabo (m) | juhe | [juhe] |

| macaco (m) | tungraud | [tungraut] |
| chave (f) de boca | mutrivõti | [mutriuɔti] |
| martelo (m) | haamer | [haː:mer] |
| bomba (f) | pump | [pump] |
| chave (f) de fendas | kruvikeeraja | [kruuike:raja] |
| extintor (m) | tulekustuti | [tulekusʲtuti] |
| triângulo (m) de emergência | avariikolmnurk | [auari:kolʲmnurk] |

| parar (vi) (motor) | välja surema | [uælja surema] |
| paragem (f) | seisak | [sejsak] |
| estar quebrado | rikkis | [rikkis] |

| superaquecer-se (vr) | üle kuumenema | [üle ku:menema] |
| entupir-se (vr) | ummistuma | [ummisᵗtuma] |
| congelar-se (vr) | kinni külmuma | [kinni külᵗmuma] |
| rebentar (vi) | lõhki minema | [lɜhki minema] |

| pressão (f) | rõhk | [rɜhk] |
| nível (m) | tase | [tase] |
| frouxo | nõrk | [nɜrk] |

| mossa (f) | muljutis | [muljutis] |
| ruído (m) | koputus | [koputus] |
| fissura (f) | pragu | [pragu] |
| arranhão (m) | kriimustus | [kri:musᵗtus] |

## 151. Carros. Estrada

| estrada (f) | tee | [te:] |
| autoestrada (f) | kiirtee | [ki:rte:] |
| rodovia (f) | maantee | [ma:nte:] |
| direção (f) | suund | [su:nt] |
| distância (f) | vahemaa | [uahema:] |

| ponte (f) | sild | [silᵗt] |
| parque (m) de estacionamento | parkla | [parkla] |
| praça (f) | väljak | [uæljak] |
| nó (m) rodoviário | liiklussõlm | [li:klussɜlᵗm] |
| túnel (m) | tunnel | [tunnelʲ] |

| posto (m) de gasolina | tankla | [tankla] |
| parque (m) de estacionamento | parkla | [parkla] |
| bomba (f) de gasolina | tankla | [tankla] |
| oficina (f) de reparação de carros | garaaž | [gara:ʒ] |

| abastecer (vt) | tankima | [tankima] |
| combustível (m) | kütus | [kütus] |
| bidão (m) de gasolina | kanister | [kanisᵗter] |

| asfalto (m) | asfalt | [asfalᵗt] |
| marcação (f) de estradas | märgistus | [mærgisᵗtus] |
| lancil (m) | piire | [pi:re] |
| proteção (f) guard-rail | tara | [tara] |
| valeta (f) | kraav | [kra:u] |
| berma (f) da estrada | teeperv | [te:peru] |
| poste (m) de luz | post | [posᵗt] |

| conduzir, guiar (vt) | juhtima | [juhtima] |
| virar (ex. ~ à direita) | pöörama | [pø:rama] |
| dar retorno | ümber pöörama | [ümber pø:rama] |
| marcha-atrás (f) | tagasikäik | [tagasikæjk] |
| buzinar (vi) | signaali andma | [signa:li andma] |

| buzina (f) | helisignaal | [helisigna:lʲ] |
| atolar-se (vr) | kinni jääma | [kinni jæ:ma] |
| patinar (na lama) | puksima | [puksima] |
| desligar (vt) | seisma jätma | [sejsma jætma] |

| velocidade (f) | kiirus | [ki:rus] |
| exceder a velocidade | kiirust ületama | [ki:rusʲt ületama] |
| multar (vt) | trahvima | [trahʋima] |
| semáforo (m) | valgusfoor | [ʋalʲgusfo:r] |
| carta (f) de condução | juhiload | [juhiloat] |

| passagem (f) de nível | ülesõit | [üles3it] |
| cruzamento (m) | ristmik | [risʲtmik] |
| passadeira (f) | jalakäijate ülekäik | [jalakæjjate ülekæjk] |
| curva (f) | kurv | [kurʋ] |
| zona (f) pedonal | jalakäijate tsoon | [jalakæjjate tso:n] |

# PESSOAS. EVENTOS

## Eventos

### 152. Férias. Evento

| | | |
|---|---|---|
| festa (f) | pidu | [pidu] |
| festa (f) nacional | rahvuspüha | [rahʋuspʉha] |
| feriado (m) | pidupäev | [pidupæəʋ] |
| festejar (vt) | pidu pidama | [pidu pidama] |
| | | |
| evento (festa, etc.) | sündmus | [sʉndmus] |
| evento (banquete, etc.) | üritus | [ʉritus] |
| banquete (m) | bankett | [bankett] |
| receção (f) | vastuvõtt | [ʋasʲtuʋɔtt] |
| festim (m) | pidu | [pidu] |
| | | |
| aniversário (m) | aastapäev | [a:sʲtapæəʋ] |
| jubileu (m) | juubelipidu | [ju:belipidu] |
| celebrar (vt) | tähistama | [tæhisʲtama] |
| | | |
| Ano (m) Novo | Uusaasta | [u:sa:sʲta] |
| Feliz Ano Novo! | Head uut aastat! | [heat u:t a:sʲtat!] |
| Pai (m) Natal | Jõuluvana | [jɔuluʋana] |
| | | |
| Natal (m) | Jõulud | [jɔulut] |
| Feliz Natal! | Rõõmsaid jõulupühi! | [rɜ:msait jɔulupʉhi!] |
| árvore (f) de Natal | jõulukuusk | [jɔuluku:sk] |
| fogo (m) de artifício | saluut | [salu:t] |
| | | |
| boda (f) | pulmad | [pulʲmat] |
| noivo (m) | peigmees | [pejgme:s] |
| noiva (f) | pruut | [pru:t] |
| | | |
| convidar (vt) | kutsuma | [kutsuma] |
| convite (m) | kutse | [kutse] |
| | | |
| convidado (m) | külaline | [kʉlaline] |
| visitar (vt) | külla minema | [kʉlʲæ minema] |
| receber os hóspedes | külalisi vastu võtma | [kʉlalisi ʋasʲtu ʋɔtma] |
| | | |
| presente (m) | kingitus | [kingitus] |
| oferecer (vt) | kinkima | [kinkima] |
| receber presentes | kingitusi saama | [kingitusi sa:ma] |
| ramo (m) de flores | lillekimp | [lilʲekimp] |
| | | |
| felicitações (f pl) | õnnitlus | [ɜnnitlus] |
| felicitar (dar os parabéns) | õnnitlema | [ɜnnitlema] |
| cartão (m) de parabéns | õnnitluskaart | [ɜnnitluska:rt] |

| enviar um postal | kaarti saatma | [ka:rti sa:tma] |
| receber um postal | kaarti saama | [ka:rti sa:ma] |

| brinde (m) | toost | [to:sʲt] |
| oferecer (vt) | kostitama | [kosʲtitama] |
| champanhe (m) | šampus | [ʃampus] |

| divertir-se (vr) | lõbutsema | [lɜbutsema] |
| diversão (f) | lust | [lusʲt] |
| alegria (f) | rõõm | [rɜ:m] |

| dança (f) | tants | [tants] |
| dançar (vi) | tantsima | [tantsima] |

| valsa (f) | valss | [ʋalʲss] |
| tango (m) | tango | [tango] |

## 153. Funerais. Enterro

| cemitério (m) | kalmistu | [kalʲmisʲtu] |
| sepultura (f), túmulo (m) | haud | [haut] |
| cruz (f) | rist | [risʲt] |
| lápide (f) | hauakivi | [hauakiʋi] |
| cerca (f) | piirdeaed | [pi:rdeaet] |
| capela (f) | kabel | [kabelʲ] |

| morte (f) | surm | [surm] |
| morrer (vi) | surema | [surema] |
| defunto (m) | kadunu | [kadunu] |
| luto (m) | lein | [lejn] |

| enterrar, sepultar (vt) | matma | [matma] |
| agência (f) funerária | matusebüroo | [matusebʉro:] |
| funeral (m) | matus | [matus] |

| coroa (f) de flores | pärg | [pærg] |
| caixão (m) | kirst | [kirsʲt] |
| carro (m) funerário | katafalk | [katafalʲk] |
| mortalha (f) | surilina | [surilina] |

| procissão (f) funerária | matuserongkäik | [matuserongkæjk] |
| urna (f) funerária | urn | [urn] |
| crematório (m) | krematoorium | [kremato:rium] |

| obituário (m), necrologia (f) | nekroloog | [nekrolo:g] |
| chorar (vi) | nutma | [nutma] |
| soluçar (vi) | ulguma | [ulʲguma] |

## 154. Guerra. Soldados

| pelotão (m) | jagu | [jagu] |
| companhia (f) | rood | [ro:t] |

| regimento (m) | polk | [polʲk] |
| exército (m) | kaitsevägi | [kaitseʋægi] |
| divisão (f) | divisjon | [diʋisjon] |

| destacamento (m) | rühm | [rɯhm] |
| hoste (f) | vägi | [ʋægi] |

| soldado (m) | sõdur | [sɜdur] |
| oficial (m) | ohvitser | [ohʋitser] |

| soldado (m) raso | reamees | [reame:s] |
| sargento (m) | seersant | [se:rsant] |
| tenente (m) | leitnant | [lejtnant] |
| capitão (m) | kapten | [kapten] |
| major (m) | major | [major] |
| coronel (m) | kolonel | [kolonelʲ] |
| general (m) | kindral | [kindralʲ] |

| marujo (m) | meremees | [mereme:s] |
| capitão (m) | kapten | [kapten] |
| contramestre (m) | pootsman | [po:tsman] |

| artilheiro (m) | suurtükiväelane | [su:rtɯkiʋæəlane] |
| soldado (m) paraquedista | dessantväelane | [dessantʋæəlane] |
| piloto (m) | lendur | [lendur] |
| navegador (m) | tüürimees | [tɯ:rime:s] |
| mecânico (m) | mehaanik | [meha:nik] |

| sapador (m) | sapöör | [sapø:r] |
| paraquedista (m) | langevarjur | [langeʋarjur] |
| explorador (m) | luuraja | [lu:raja] |
| franco-atirador (m) | snaiper | [snaiper] |

| patrulha (f) | patrull | [patrulʲ] |
| patrulhar (vt) | patrullima | [patrulʲima] |
| sentinela (f) | tunnimees | [tunnime:s] |

| guerreiro (m) | sõjamees | [sɜjame:s] |
| patriota (m) | patrioot | [patrio:t] |

| herói (m) | kangelane | [kangelane] |
| heroína (f) | kangelanna | [kangelanna] |

| traidor (m) | äraandja | [æra:ndja] |
| trair (vt) | ära andma | [æra andma] |

| desertor (m) | desertöör | [desertø:r] |
| desertar (vt) | deserteerima | [deserte:rima] |

| mercenário (m) | palgasõdur | [palʲgasɜdur] |
| recruta (m) | noorsõdur | [no:rsɜdur] |
| voluntário (m) | vabatahtlik | [ʋabatahtlik] |

| morto (m) | tapetu | [tapetu] |
| ferido (m) | haavatu | [ha:ʋatu] |
| prisioneiro (m) de guerra | sõjavang | [sɜjaʋang] |

## 155. Guerra. Ações militares. Parte 1

| | | |
|---|---|---|
| guerra (f) | sõda | [sɜda] |
| guerrear (vt) | sõdima | [sɜdima] |
| guerra (f) civil | kodusõda | [kodusɜda] |
| | | |
| perfidamente | reetlikult | [re:tlikulʲt] |
| declaração (f) de guerra | sõjakuulutamine | [sɜjaku:lutamine] |
| declarar (vt) guerra | sõda kuulutama | [sɜda ku:lutama] |
| agressão (f) | agressioon | [agressio:n] |
| atacar (vt) | kallale tungima | [kalʲæle tungima] |
| | | |
| invadir (vt) | anastama | [anasʲtama] |
| invasor (m) | anastaja | [anasʲtaja] |
| conquistador (m) | vallutaja | [ʋalʲutaja] |
| | | |
| defesa (f) | kaitse | [kaitse] |
| defender (vt) | kaitsma | [kaitsma] |
| defender-se (vr) | ennast kaitsma | [ennasʲt kaitsma] |
| | | |
| inimigo (m) | vaenlane | [ʋaenlane] |
| adversário (m) | vastane | [ʋasʲtane] |
| inimigo | vaenulik | [ʋaenulik] |
| | | |
| estratégia (f) | strateegia | [sʲtrate:gia] |
| tática (f) | taktika | [taktika] |
| | | |
| ordem (f) | käsk | [kæsk] |
| comando (m) | käsk | [kæsk] |
| ordenar (vt) | käskima | [kæskima] |
| missão (f) | ülesanne | [ɥlesanne] |
| secreto | salajane | [salajane] |
| | | |
| batalha (f) | võitlus | [ʋɜitlus] |
| combate (m) | lahing | [lahing] |
| | | |
| ataque (m) | rünnak | [rɥnnak] |
| assalto (m) | rünnak | [rɥnnak] |
| assaltar (vt) | ründama | [rɥndama] |
| assédio, sítio (m) | ümberpiiramine | [ɥmberpi:ramine] |
| | | |
| ofensiva (f) | pealetung | [pealetung] |
| passar à ofensiva | peale tungima | [peale tungima] |
| | | |
| retirada (f) | taganemine | [taganemine] |
| retirar-se (vr) | taganema | [taganema] |
| | | |
| cerco (m) | ümberpiiramine | [ɥmberpi:ramine] |
| cercar (vt) | ümber piirama | [ɥmber pi:rama] |
| | | |
| bombardeio (m) | pommitamine | [pommitamine] |
| lançar uma bomba | pommi heitma | [pommi hejtma] |
| bombardear (vt) | pommitama | [pommitama] |
| explosão (f) | plahvatus | [plahʋatus] |
| tiro (m) | lask | [lask] |

| | | |
|---|---|---|
| disparar um tiro | tulistama | [tulis'tama] |
| tiroteio (m) | tulistamine | [tulis'tamine] |

| | | |
|---|---|---|
| apontar para ... | sihtima | [sihtima] |
| apontar (vt) | sihikule võtma | [sihikule ʋɜtma] |
| acertar (vt) | tabama | [tabama] |

| | | |
|---|---|---|
| afundar (um navio) | põhja laskma | [pɜhja laskma] |
| brecha (f) | mürsuauk | [mʉrsuauk] |
| afundar-se (vr) | põhja minema | [pɜhja minema] |

| | | |
|---|---|---|
| frente (m) | rinne | [rinne] |
| evacuação (f) | evakuatsioon | [eʋakuatsio:n] |
| evacuar (vt) | evakueerima | [eʋakue:rima] |

| | | |
|---|---|---|
| trincheira (f) | kaevik | [kaeʋik] |
| arame (m) farpado | okastraat | [okas'tra:t] |
| obstáculo (m) anticarro | kaitsevall | [kaitseʋal'] |
| torre (f) de vigia | vaatetorn | [ʋa:tetorn] |

| | | |
|---|---|---|
| hospital (m) | hospital | [hospital'] |
| ferir (vt) | haavama | [ha:ʋama] |
| ferida (f) | haav | [ha:ʋ] |
| ferido (m) | haavatu | [ha:ʋatu] |
| ficar ferido | haavata saama | [ha:ʋata sa:ma] |
| grave (ferida ~) | raske | [raske] |

## 156. Armas

| | | |
|---|---|---|
| arma (f) | relv | [rel'ʋ] |
| arma (f) de fogo | tulirelv | [tulirel'ʋ] |
| arma (f) branca | külmrelv | [kʉl'mrel'ʋ] |

| | | |
|---|---|---|
| arma (f) química | keemiarelv | [ke:miarel'ʋ] |
| nuclear | tuuma- | [tu:ma-] |
| arma (f) nuclear | tuumarelv | [tu:marel'ʋ] |

| | | |
|---|---|---|
| bomba (f) | pomm | [pomm] |
| bomba (f) atómica | aatomipomm | [a:tomipomm] |

| | | |
|---|---|---|
| pistola (f) | püstol | [pʉs'tol'] |
| caçadeira (f) | püss | [pʉss] |
| pistola-metralhadora (f) | automaat | [automa:t] |
| metralhadora (f) | kuulipilduja | [ku:lipil'duja] |

| | | |
|---|---|---|
| boca (f) | püssitoru | [pʉssitoru] |
| cano (m) | püssitoru | [pʉssitoru] |
| calibre (m) | kaliiber | [kali:ber] |

| | | |
|---|---|---|
| gatilho (m) | vinn | [ʋinn] |
| mira (f) | sihik | [sihik] |
| carregador (m) | padrunisalv | [padrunisal'ʋ] |
| coronha (f) | püssipära | [pʉssipæra] |
| granada (f) de mão | granaat | [grana:t] |

| explosivo (m) | lõhkeaine | [lɜhkeaine] |
|---|---|---|
| bala (f) | kuul | [ku:lʲ] |
| cartucho (m) | padrun | [padrun] |
| carga (f) | laeng | [laeng] |
| munições (f pl) | lahingumoon | [lahingumo:n] |

| bombardeiro (m) | pommilennuk | [pommilennuk] |
|---|---|---|
| avião (m) de caça | hävituslennuk | [hæʊituslennuk] |
| helicóptero (m) | helikopter | [helikopter] |

| canhão (m) antiaéreo | õhutõrjekahur | [ɜhutɜrjekahur] |
|---|---|---|
| tanque (m) | tank | [tank] |
| canhão (de um tanque) | kahur | [kahur] |

| artilharia (f) | kahurivägi | [kahuriʊægi] |
|---|---|---|
| canhão (m) | suurtükk | [su:rtɯkk] |
| fazer a pontaria | sihikule võtma | [sihikule ʊɜtma] |

| obus (m) | mürsk | [mɯrsk] |
|---|---|---|
| granada (f) de morteiro | miin | [mi:n] |
| morteiro (m) | miinipilduja | [mi:nipilʲduja] |
| estilhaço (m) | kild | [kilʲt] |

| submarino (m) | allveelaev | [alʲʊe:laeʊ] |
|---|---|---|
| torpedo (m) | torpeedo | [torpe:do] |
| míssil (m) | rakett | [rakett] |

| carregar (uma arma) | laadima | [la:dima] |
|---|---|---|
| atirar, disparar (vi) | tulistama | [tulisʲtama] |
| apontar para ... | sihtima | [sihtima] |
| baioneta (f) | tääk | [tæ:k] |

| espada (f) | mõõk | [mɜ:k] |
|---|---|---|
| sabre (m) | saabel | [sa:belʲ] |
| lança (f) | oda | [oda] |
| arco (m) | vibu | [ʊibu] |
| flecha (f) | nool | [no:lʲ] |
| mosquete (m) | musket | [musket] |
| besta (f) | arbalett | [arbalett] |

## 157. Povos da antiguidade

| primitivo | ürgne | [ɯrgne] |
|---|---|---|
| pré-histórico | eelajalooline | [e:lajalo:line] |
| antigo | iidne | [i:dne] |

| Idade (f) da Pedra | kiviaeg | [kiʊiaeg] |
|---|---|---|
| Idade (f) do Bronze | pronksiaeg | [pronksiaeg] |
| período (m) glacial | jääaeg | [jæ::eg] |

| tribo (f) | suguharu | [suguharu] |
|---|---|---|
| canibal (m) | inimsööja | [inimsø:ja] |
| caçador (m) | kütt | [kɯtt] |
| caçar (vi) | jahil käima | [jahilʲ kæjma] |

145

| mamute (m) | mammut | [mammut] |
| caverna (f) | koobas | [ko:bas] |
| fogo (m) | tuli | [tuli] |
| fogueira (f) | lõke | [lɜke] |
| pintura (f) rupestre | kaljujoonis | [kaljujo:nis] |

| ferramenta (f) | tööriist | [tø:ri:sʲt] |
| lança (f) | oda | [oda] |
| machado (m) de pedra | kivikirves | [kiʋikirʋes] |
| guerrear (vt) | sõdima | [sɜdima] |
| domesticar (vt) | kodustama | [kodusʲtama] |

| ídolo (m) | iidol | [i:dolʲ] |
| adorar, venerar (vt) | kummardama | [kummardama] |
| superstição (f) | ebausk | [ebausk] |
| ritual (m) | riitus | [ri:tus] |

| evolução (f) | evolutsioon | [eʋolutsio:n] |
| desenvolvimento (m) | areng | [areng] |
| desaparecimento (m) | kadumine | [kadumine] |
| adaptar-se (vr) | kohanema | [kohanema] |

| arqueologia (f) | arheoloogia | [arheolo:gia] |
| arqueólogo (m) | arheoloog | [arheolo:g] |
| arqueológico | arheoloogiline | [arheolo:giline] |

| local (m) das escavações | väljakaevamised | [ʋæljakaeʋamiset] |
| escavações (f pl) | väljakaevamised | [ʋæljakaeʋamiset] |
| achado (m) | leid | [lejt] |
| fragmento (m) | fragment | [fragment] |

## 158. Idade média

| povo (m) | rahvas | [rahʋas] |
| povos (m pl) | rahvad | [rahʋat] |
| tribo (f) | suguharu | [suguharu] |
| tribos (f pl) | hõimud | [hɜimut] |

| bárbaros (m pl) | barbar | [barbar] |
| gauleses (m pl) | gallid | [galʲit] |
| godos (m pl) | goodid | [go:dit] |
| eslavos (m pl) | slaavlased | [sla:ʋlaset] |
| víquingues (m pl) | viikingid | [ʋi:kingit] |

| romanos (m pl) | roomlased | [ro:mlaset] |
| romano | rooma | [ro:ma] |

| bizantinos (m pl) | bütsantslased | [bʉtsantslaset] |
| Bizâncio | Bütsants | [bʉtsants] |
| bizantino | bütsantsi | [bʉtsantsi] |

| imperador (m) | imperaator | [impera:tor] |
| líder (m) | pealik | [pealik] |
| poderoso | võimas | [ʋɜimas] |

| rei (m) | kuningas | [kuningas] |
| governante (m) | valitseja | [ʋalitseja] |

| cavaleiro (m) | rüütel | [rʉ:telʲ] |
| senhor feudal (m) | feodaal | [feoda:lʲ] |
| feudal | feodaalne | [feoda:lʲne] |
| vassalo (m) | vasall | [ʋasalʲ] |

| duque (m) | hertsog | [hertsog] |
| conde (m) | krahv | [krahʋ] |
| barão (m) | parun | [parun] |
| bispo (m) | piiskop | [pi:skop] |

| armadura (f) | lahinguvarustus | [lahinguʋarusʲtus] |
| escudo (m) | kilp | [kilʲp] |
| espada (f) | mõõk | [mɜ:k] |
| viseira (f) | visiir | [ʋisi:r] |
| cota (f) de malha | raudrüü | [raudrʉ:] |

| cruzada (f) | ristiretk | [risʲtiretk] |
| cruzado (m) | ristirüütel | [risʲtirʉ:telʲ] |

| território (m) | territoorium | [territo:rium] |
| atacar (vt) | kallale tungima | [kalʲæle tungima] |

| conquistar (vt) | vallutama | [ʋalʲutama] |
| ocupar, invadir (vt) | anastama | [anasʲtama] |

| assédio, sítio (m) | ümberpiiramine | [ʉmberpi:ramine] |
| sitiado | ümberpiiratud | [ʉmberpi:ratut] |
| assediar, sitiar (vt) | ümber piirama | [ʉmber pi:rama] |

| inquisição (f) | inkvisitsioon | [inkʋisitsio:n] |
| inquisidor (m) | inkvisiitor | [inkʋisi:tor] |
| tortura (f) | piinamine | [pi:namine] |
| cruel | julm | [julʲm] |

| herege (m) | ketser | [ketser] |
| heresia (f) | ketserlus | [ketserlus] |

| navegação (f) marítima | meresõit | [meresɜit] |
| pirata (m) | piraat | [pira:t] |
| pirataria (f) | piraatlus | [pira:tlus] |
| abordagem (f) | abordaaž | [aborda:ʒ] |

| presa (f), butim (m) | sõjasaak | [sɜjasa:k] |
| tesouros (m pl) | aarded | [a:rdet] |

| descobrimento (m) | maadeavastamine | [ma:deaʋasʲtamine] |
| descobrir (novas terras) | avastama | [aʋasʲtama] |
| expedição (f) | ekspeditsioon | [ekspeditsio:n] |

| mosqueteiro (m) | musketär | [musketær] |
| cardeal (m) | kardinal | [kardinalʲ] |
| heráldica (f) | heraldika | [heralʲdika] |
| heráldico | heraldiline | [heralʲdiline] |

## 159. Líder. Chefe. Autoridades

| rei (m) | kuningas | [kuningas] |
|---|---|---|
| rainha (f) | kuninganna | [kuninganna] |
| real | kuninglik | [kuninglik] |
| reino (m) | kuningriik | [kuningri:k] |

| príncipe (m) | prints | [prints] |
|---|---|---|
| princesa (f) | printsess | [printsess] |

| presidente (m) | president | [president] |
|---|---|---|
| vice-presidente (m) | asepresident | [asepresident] |
| senador (m) | senaator | [sena:tor] |

| monarca (m) | monarh | [monarh] |
|---|---|---|
| governante (m) | valitseja | [ʋalitseja] |
| ditador (m) | diktaator | [dikta:tor] |
| tirano (m) | türann | [tʉrann] |
| magnata (m) | magnaat | [magna:t] |

| diretor (m) | direktor | [direktor] |
|---|---|---|
| chefe (m) | šeff | [ʃeff] |
| dirigente (m) | juhataja | [juhataja] |
| patrão (m) | boss | [boss] |
| dono (m) | peremees | [pereme:s] |

| líder, chefe (m) | liider | [li:der] |
|---|---|---|
| chefe (~ de delegação) | juht | [juht] |
| autoridades (f pl) | võimud | [ʋɜimut] |
| superiores (m pl) | juhtkond | [juhtkont] |

| governador (m) | kuberner | [kuberner] |
|---|---|---|
| cônsul (m) | konsul | [konsulʲ] |
| diplomata (m) | diplomaat | [diploma:t] |
| Presidente (m) da Câmara | linnapea | [linnapea] |
| xerife (m) | šerif | [ʃerif] |

| imperador (m) | imperaator | [impera:tor] |
|---|---|---|
| czar (m) | tsaar | [tsa:r] |
| faraó (m) | vaarao | [ʋa:rao] |
| cã (m) | khaan | [kha:n] |

## 160. Viloação da lei. Criminosos. Parte 1

| bandido (m) | bandiit | [bandi:t] |
|---|---|---|
| crime (m) | kuritegu | [kuritegu] |
| criminoso (m) | kurjategija | [kurjategija] |

| ladrão (m) | varas | [ʋaras] |
|---|---|---|
| roubar (vt) | varastama | [ʋarasⁱtama] |
| furto, roubo (m) | vargus | [ʋargus] |
| raptar (ex. ~ uma criança) | röövima | [rø:ʋima] |
| rapto (m) | inimrööv | [inimrø:ʋ] |

| | | |
|---|---|---|
| raptor (m) | röövija | [rø:ʋija] |
| resgate (m) | lunaraha | [lunaraha] |
| pedir resgate | lunaraha nõudma | [lunaraha nɜudma] |
| roubar (vt) | röövima | [rø:ʋima] |
| assalto, roubo (m) | rööv | [rø:ʋ] |
| assaltante (m) | röövel | [rø:ʋelʲ] |
| extorquir (vt) | välja pressima | [ʋælja pressima] |
| extorsionário (m) | väljapressija | [ʋæljapressija] |
| extorsão (f) | väljapressimine | [ʋæljapressimine] |
| matar, assassinar (vt) | tapma | [tapma] |
| homicídio (m) | mõrv | [mɜrʋ] |
| homicida, assassino (m) | mõrvar | [mɜrʋar] |
| tiro (m) | lask | [lask] |
| dar um tiro | tulistama | [tulisʲtama] |
| matar a tiro | maha laskma | [maha laskma] |
| atirar, disparar (vi) | tulistama | [tulisʲtama] |
| tiroteio (m) | laskmine | [laskmine] |
| incidente (m) | juhtum | [juhtum] |
| briga (~ de rua) | kaklus | [kaklus] |
| Socorro! | Appi! | [appi!] |
| vítima (f) | ohver | [ohʋer] |
| danificar (vt) | vigastama | [ʋigasʲtama] |
| dano (m) | vigastus | [ʋigasʲtus] |
| cadáver (m) | laip | [laip] |
| grave | ränk | [rænk] |
| atacar (vt) | kallale tungima | [kalʲæle tungima] |
| bater (espancar) | lööma | [lø:ma] |
| espancar (vt) | läbi peksma | [lʲæbi peksma] |
| tirar, roubar (dinheiro) | ära võtma | [æra ʋɜtma] |
| esfaquear (vt) | pussitama | [pussitama] |
| mutilar (vt) | sandiks peksma | [sandiks peksma] |
| ferir (vt) | haavama | [ha:ʋama] |
| chantagem (f) | šantaaž | [ʃanta:ʒ] |
| chantagear (vt) | šantažeerima | [ʃantaʒe:rima] |
| chantagista (m) | šantažeerija | [ʃantaʒe:rija] |
| extorsão (em troca de proteção) | reket | [reket] |
| extorsionário (m) | väljapressija | [ʋæljapressija] |
| gângster (m) | gangster | [gangsʲter] |
| máfia (f) | maffia | [maffia] |
| carteirista (m) | taskuvaras | [taskuʋaras] |
| assaltante, ladrão (m) | murdvaras | [murdʋaras] |
| contrabando (m) | salakaubandus | [salakaubandus] |
| contrabandista (m) | salakaubavedaja | [salakaubaʋedaja] |
| falsificação (f) | võltsing | [ʋɜlʲtsing] |
| falsificar (vt) | võltsima | [ʋɜlʲtsima] |
| falsificado | võltsitud | [ʋɜlʲtsitut] |

149

## 161. Viloação da lei. Criminosos. Parte 2

| violação (f) | vägistamine | [ʋægisʲtamine] |
| violar (vt) | vägistama | [ʋægisʲtama] |
| violador (m) | vägistaja | [ʋægisʲtaja] |
| maníaco (m) | maniakk | [maniakk] |

| prostituta (f) | prostituut | [prosʲtitu:t] |
| prostituição (f) | prostitutsioon | [prosʲtitutsio:n] |
| chulo (m) | sutenöör | [sutenø:r] |

| toxicodependente (m) | narkomaan | [narkoma:n] |
| traficante (m) | narkokaupmees | [narkokaupme:s] |

| explodir (vt) | õhku laskma | [ɜhku laskma] |
| explosão (f) | plahvatus | [plahʋatus] |
| incendiar (vt) | süütama | [sʉ:tama] |
| incendiário (m) | süütaja | [sʉ:taja] |

| terrorismo (m) | terrorism | [terrorism] |
| terrorista (m) | terrorist | [terrorisʲt] |
| refém (m) | pantvang | [pantʋang] |

| enganar (vt) | petma | [petma] |
| engano (m) | pettus | [pettus] |
| vigarista (m) | petis | [petis] |

| subornar (vt) | pistist andma | [pisʲtisʲt andma] |
| suborno (atividade) | pistise andmine | [pisʲtise andmine] |
| suborno (dinheiro) | altkäemaks | [alʲtkææmaks] |

| veneno (m) | mürk | [mʉrk] |
| envenenar (vt) | mürgitama | [mʉrgitama] |
| envenenar-se (vr) | ennast mürgitama | [ennasʲt mʉrgitama] |

| suicídio (m) | enesetapp | [enesetapp] |
| suicida (m) | enesetapja | [enesetapja] |

| ameaçar (vt) | ähvardama | [æhʋardama] |
| ameaça (f) | ähvardus | [æhʋardus] |
| atentar contra a vida de ... | kallale kippuma | [kalʲæle kippuma] |
| atentado (m) | elule kallalekippumine | [elule kalʲælekippumine] |

| roubar (o carro) | ärandama | [ærandama] |
| desviar (o avião) | kaaperdama | [ka:perdama] |

| vingança (f) | kättemaks | [kættemaks] |
| vingar (vt) | kätte maksma | [kætte maksma] |

| torturar (vt) | piinama | [pi:nama] |
| tortura (f) | piinamine | [pi:namine] |
| atormentar (vt) | vaevama | [ʋaeʋama] |

| pirata (m) | piraat | [pira:t] |
| desordeiro (m) | huligaan | [huliga:n] |

| armado | relvastatut | [rel'uas'tatut] |
| violência (f) | vägivald | [uægiual't] |
| ilegal | illegaalne | [il'ega:l'ne] |

| espionagem (f) | spionaaž | [spiona:ʒ] |
| espionar (vi) | nuhkima | [nuhkima] |

## 162. Polícia. Lei. Parte 1

| justiça (f) | kohtumõistmine | [kohtumɜis'tmine] |
| tribunal (m) | kohus | [kohus] |

| juiz (m) | kohtunik | [kohtunik] |
| jurados (m pl) | vandemees | [uandeme:s] |
| tribunal (m) do júri | vandemeeste kohus | [uandeme:s'te kohus] |
| julgar (vt) | kohut mõistma | [kohut mɜis'tma] |

| advogado (m) | advokaat | [aduoka:t] |
| réu (m) | kohtualune | [kohtualune] |
| banco (m) dos réus | kohtupink | [kohtupink] |

| acusação (f) | süüdistus | [su:dis'tus] |
| acusado (m) | süüdistatav | [su:dis'tatau] |

| sentença (f) | kohtuotsus | [kohtuotsus] |
| sentenciar (vt) | süüdi mõistma | [su:di mɜis'tma] |

| culpado (m) | süüdlane | [su:tlane] |
| punir (vt) | karistama | [karis'tama] |
| punição (f) | karistus | [karis'tus] |

| multa (f) | trahv | [trahu] |
| prisão (f) perpétua | eluaegne vanglakaristus | [eluaegne uanglakaris'tus] |
| pena (f) de morte | surmanuhtlus | [surmanuhtlus] |
| cadeira (f) elétrica | elektritool | [elektrito:l'] |
| forca (f) | võllas | [uɜl'æs] |

| executar (vt) | hukkama | [hukkama] |
| execução (f) | hukkamine | [hukkamine] |

| prisão (f) | vangla | [uangla] |
| cela (f) de prisão | vangikong | [uangikong] |

| escolta (f) | konvoi | [konuoj] |
| guarda (m) prisional | vangivalvur | [uangiual'uur] |
| preso (m) | vang | [uang] |

| algemas (f pl) | käerauad | [kæərauat] |
| algemar (vt) | käsi raudu panema | [kæsi raudu panema] |

| fuga, evasão (f) | põgenemine | [pɜgenemine] |
| fugir (vi) | põgenema | [pɜgenema] |
| desaparecer (vi) | kadunuks jääma | [kadunuks jæ:ma] |
| soltar, libertar (vt) | vabastama | [uabas'tama] |

| amnistia (f) | amnestia | [amnesⁱtia] |
|---|---|---|
| polícia (instituição) | politsei | [politsej] |
| polícia (m) | politseinik | [politsejnik] |
| esquadra (f) de polícia | politseijaoskond | [politsejjaoskont] |
| cassetete (m) | kumminui | [kumminui] |
| megafone (m) | ruupor | [ru:por] |

| carro (m) de patrulha | patrullauto | [patrullæuto] |
|---|---|---|
| sirene (f) | sireen | [sire:n] |
| ligar a sirene | sireeni sisse lülitama | [sire:ni sisse lülitama] |
| toque (m) da sirene | sireen heli | [sire:n heli] |

| cena (f) do crime | sündmuspaik | [sündmuspaik] |
|---|---|---|
| testemunha (f) | tunnistaja | [tunnisⁱtaja] |
| liberdade (f) | vabadus | [ʋabadus] |
| cúmplice (m) | kaasosaline | [ka:sosaline] |
| escapar (vi) | varjuma | [ʋarjuma] |
| traço (não deixar ~s) | jälg | [jælⁱg] |

## 163. Polícia. Lei. Parte 2

| procura (f) | tagaotsimine | [tagaotsimine] |
|---|---|---|
| procurar (vt) | otsima ... | [otsima ...] |
| suspeita (f) | kahtlustus | [kahtlusⁱtus] |
| suspeito | kahtlane | [kahtlane] |
| parar (vt) | peatama | [peatama] |
| deter (vt) | kinni pidama | [kinni pidama] |

| caso (criminal) | kohtuasi | [kohtuasi] |
|---|---|---|
| investigação (f) | uurimine | [u:rimine] |
| detetive (m) | detektiiv | [detekti:ʋ] |
| investigador (m) | uurija | [u:rija] |
| versão (f) | versioon | [ʋersio:n] |

| motivo (m) | motiiv | [moti:ʋ] |
|---|---|---|
| interrogatório (m) | ülekuulamine | [üleku:lamine] |
| interrogar (vt) | üle kuulama | [üle ku:lama] |
| questionar (vt) | küsitlema | [küsitlema] |
| verificação (f) | kontrollimine | [kontrolⁱimine] |

| batida (f) policial | haarang | [ha:rang] |
|---|---|---|
| busca (f) | läbiotsimine | [lⁱæbiotsimine] |
| perseguição (f) | tagaajamine | [taga:jamine] |
| perseguir (vt) | jälitama | [jælitama] |
| seguir (vt) | jälgima | [jælⁱgima] |

| prisão (f) | arest | [aresⁱt] |
|---|---|---|
| prender (vt) | arreteerima | [arrete:rima] |
| pegar, capturar (vt) | kinni võtma | [kinni ʋɔtma] |
| captura (f) | kinnivõtmine | [kinniʋɔtmine] |

| documento (m) | dokument | [dokument] |
|---|---|---|
| prova (f) | tõestus | [tɜesⁱtus] |
| provar (vt) | tõestama | [tɜesⁱtama] |

| pegada (f) | jälg | [jælʲg] |
| impressões (f pl) digitais | sõrmejäljed | [sɜrmejæljet] |
| prova (f) | süütõend | [su:tɜent] |

| álibi (m) | alibi | [alibi] |
| inocente | süütu | [su:tu] |
| injustiça (f) | ebaõiglus | [ebaɜiglus] |
| injusto | ebaõiglane | [ebaɜiglane] |

| criminal | kriminaalne | [krimina:lʲne] |
| confiscar (vt) | konfiskeerima | [konfiske:rima] |
| droga (f) | narkootik | [narko:tik] |
| arma (f) | relv | [relʲʊ] |
| desarmar (vt) | relvituks tegema | [relʲʊituks tegema] |
| ordenar (vt) | käskima | [kæskima] |
| desaparecer (vi) | ära kaduma | [æra kaduma] |

| lei (f) | seadus | [seadus] |
| legal | seaduslik | [seaduslik] |
| ilegal | ebaseaduslik | [ebaseaduslik] |

| responsabilidade (f) | vastutus | [ʊasʲtutus] |
| responsável | vastutama | [ʊasʲtutama] |

153

# NATUREZA

## A Terra. Parte 1

### 164. Espaço sideral

| | | |
|---|---|---|
| cosmos (m) | kosmos | [kosmos] |
| cósmico | kosmiline | [kosmiline] |
| espaço (m) cósmico | maailmaruum | [maːilʲmaruːm] |
| | | |
| mundo (m) | maailm | [maːilʲm] |
| universo (m) | universum | [uniʋersum] |
| galáxia (f) | galaktika | [galaktika] |
| | | |
| estrela (f) | täht | [tæht] |
| constelação (f) | tähtkuju | [tæhtkuju] |
| planeta (m) | planeet | [planeːt] |
| satélite (m) | satelliit | [satelʲiːt] |
| | | |
| meteorito (m) | meteoriit | [meteoriːt] |
| cometa (m) | komeet | [komeːt] |
| asteroide (m) | asteroid | [asʲterojt] |
| | | |
| órbita (f) | orbiit | [orbiːt] |
| girar (vi) | keerlema | [keːrlema] |
| atmosfera (f) | atmosfäär | [atmosfæːr] |
| | | |
| Sol (m) | Päike | [pæjke] |
| Sistema (m) Solar | Päikesesüsteem | [pæjkesesüsʲteːm] |
| eclipse (m) solar | päiksevarjutus | [pæjkseʋarjutus] |
| | | |
| Terra (f) | Maa | [maː] |
| Lua (f) | Kuu | [kuː] |
| | | |
| Marte (m) | Marss | [marss] |
| Vénus (f) | Veenus | [ʋeːnus] |
| Júpiter (m) | Jupiter | [jupiter] |
| Saturno (m) | Saturn | [saturn] |
| | | |
| Mercúrio (m) | Merkuur | [merkuːr] |
| Urano (m) | Uraan | [uraːn] |
| Neptuno (m) | Neptuun | [neptuːn] |
| Plutão (m) | Pluuto | [pluːto] |
| | | |
| Via Láctea (f) | Linnutee | [linnuteː] |
| Ursa Maior (f) | Suur Vanker | [suːr ʋanker] |
| Estrela Polar (f) | Põhjanael | [pɜhjanaelʲ] |
| marciano (m) | marslane | [marslane] |
| extraterrestre (m) | võõra planeedi asukas | [ʋɜːra planeːdi asukas] |

| | | |
|---|---|---|
| alienígena (m) | tulnukas | [tulʲnukas] |
| disco (m) voador | lendav taldrik | [lendau talʲdrik] |

| | | |
|---|---|---|
| nave (f) espacial | kosmoselaev | [kosmoselaeu] |
| estação (f) orbital | orbitaaljaam | [orbita:lja:m] |
| lançamento (m) | start | [sʲtart] |

| | | |
|---|---|---|
| motor (m) | mootor | [mo:tor] |
| bocal (m) | düüs | [dʉ:s] |
| combustível (m) | kütus | [kʉtus] |

| | | |
|---|---|---|
| cabine (f) | kabiin | [kabi:n] |
| antena (f) | antenn | [antenn] |
| vigia (f) | illuminaator | [ilʲumina:tor] |
| bateria (f) solar | päikesepatarei | [pæjkesepatarej] |
| traje (m) espacial | skafander | [skafander] |

| | | |
|---|---|---|
| imponderabilidade (f) | kaaluta olek | [ka:luta olek] |
| oxigénio (m) | hapnik | [hapnik] |

| | | |
|---|---|---|
| acoplagem (f) | põkkumine | [pɜkkumine] |
| fazer uma acoplagem | põkkama | [pɜkkama] |

| | | |
|---|---|---|
| observatório (m) | observatoorium | [obseruato:rium] |
| telescópio (m) | teleskoop | [telesko:p] |
| observar (vt) | jälgima | [jælʲgima] |
| explorar (vt) | uurima | [u:rima] |

## 165. A Terra

| | | |
|---|---|---|
| Terra (f) | Maa | [ma:] |
| globo terrestre (Terra) | maakera | [ma:kera] |
| planeta (m) | planeet | [plane:t] |

| | | |
|---|---|---|
| atmosfera (f) | atmosfäär | [atmosfæ:r] |
| geografia (f) | geograafia | [geogra:fia] |
| natureza (f) | loodus | [lo:dus] |

| | | |
|---|---|---|
| globo (mapa esférico) | gloobus | [glo:bus] |
| mapa (m) | kaart | [ka:rt] |
| atlas (m) | atlas | [atlas] |

| | | |
|---|---|---|
| Europa (f) | Euroopa | [euro:pa] |
| Ásia (f) | Aasia | [a:sia] |

| | | |
|---|---|---|
| África (f) | Aafrika | [a:frika] |
| Austrália (f) | Austraalia | [ausʲtra:lia] |

| | | |
|---|---|---|
| América (f) | Ameerika | [ame:rika] |
| América (f) do Norte | Põhja-Ameerika | [pɜhja-ame:rika] |
| América (f) do Sul | Lõuna-Ameerika | [lɜuna-ame:rika] |

| | | |
|---|---|---|
| Antártida (f) | Antarktis | [antarktis] |
| Ártico (m) | Arktika | [arktika] |

155

## 166. Pontos cardeais

| | | |
|---|---|---|
| norte (m) | põhi | [pɜhi] |
| para norte | põhja | [pɜhja] |
| no norte | põhjas | [pɜhjas] |
| do norte | põhja- | [pɜhja-] |
| | | |
| sul (m) | lõuna | [lɜuna] |
| para sul | lõunasse | [lɜunasse] |
| no sul | lõunas | [lɜunas] |
| do sul | lõuna- | [lɜuna-] |
| | | |
| oeste, ocidente (m) | lääs | [lʲæ:s] |
| para oeste | läände | [lʲæ:nde] |
| no oeste | läänes | [lʲæ:nes] |
| ocidental | lääne- | [lʲæ:ne-] |
| | | |
| leste, oriente (m) | ida | [ida] |
| para leste | itta | [itta] |
| no leste | idas | [idas] |
| oriental | ida- | [ida-] |

## 167. Mar. Oceano

| | | |
|---|---|---|
| mar (m) | meri | [meri] |
| oceano (m) | ookean | [o:kean] |
| golfo (m) | laht | [laht] |
| estreito (m) | väin | [ʋæjn] |
| | | |
| terra (f) firme | maismaa | [maisma:] |
| continente (m) | manner | [manner] |
| ilha (f) | saar | [sa:r] |
| península (f) | poolsaar | [po:lʲsa:r] |
| arquipélago (m) | arhipelaag | [arhipela:g] |
| | | |
| baía (f) | laht | [laht] |
| porto (m) | sadam | [sadam] |
| lagoa (f) | laguun | [lagu:n] |
| cabo (m) | neem | [ne:m] |
| | | |
| atol (m) | atoll | [atolʲ] |
| recife (m) | riff | [riff] |
| coral (m) | korall | [koralʲ] |
| recife (m) de coral | korallrahu | [koralʲrahu] |
| | | |
| profundo | sügav | [sʉgaʋ] |
| profundidade (f) | sügavus | [sʉgaʋus] |
| abismo (m) | sügavik | [sʉgaʋik] |
| fossa (f) oceânica | nõgu | [nɜgu] |
| | | |
| corrente (f) | hoovus | [ho:ʋus] |
| banhar (vt) | uhtuma | [uhtuma] |
| litoral (m) | rand | [rant] |

| costa (f) | rannik | [rannik] |
| maré (f) alta | tõus | [tɜus] |
| refluxo (m), maré (f) baixa | mõõn | [mɜ:n] |
| restinga (f) | madalik | [madalik] |
| fundo (m) | põhi | [pɜhi] |

| onda (f) | laine | [laine] |
| crista (f) da onda | lainehari | [lainehari] |
| espuma (f) | vaht | [ʋaht] |

| tempestade (f) | torm | [torm] |
| furacão (m) | orkaan | [orka:n] |
| tsunami (m) | tsunami | [tsunami] |
| calmaria (f) | tuulevaikus | [tu:leʋaikus] |
| calmo | rahulik | [rahulik] |

| polo (m) | poolus | [po:lus] |
| polar | polaar- | [pola:r-] |

| latitude (f) | laius | [laius] |
| longitude (f) | pikkus | [pikkus] |
| paralela (f) | paralleel | [paralʲe:lʲ] |
| equador (m) | ekvaator | [ekʋa:tor] |

| céu (m) | taevas | [taeʋas] |
| horizonte (m) | silmapiir | [silʲmapi:r] |
| ar (m) | õhk | [ɜhk] |

| farol (m) | majakas | [majakas] |
| mergulhar (vi) | sukelduma | [sukelʲduma] |
| afundar-se (vr) | uppuma | [uppuma] |
| tesouros (m pl) | aarded | [a:rdet] |

## 168. Montanhas

| montanha (f) | mägi | [mæɡi] |
| cordilheira (f) | mäeahelik | [mæəahelik] |
| serra (f) | mäeahelik | [mæəahelik] |

| cume (m) | tipp | [tipp] |
| pico (m) | mäetipp | [mæətipp] |
| sopé (m) | jalam | [jalam] |
| declive (m) | nõlv | [nɜlʲʋ] |

| vulcão (m) | vulkaan | [ʋulʲka:n] |
| vulcão (m) ativo | tegutsev vulkaan | [tegutseʋ ʋulʲka:n] |
| vulcão (m) extinto | kustunud vulkaan | [kusʲtunut ʋulʲka:n] |

| erupção (f) | vulkaanipurse | [ʋulʲka:nipurse] |
| cratera (f) | kraater | [kra:ter] |
| magma (m) | magma | [magma] |
| lava (f) | laava | [la:ʋa] |
| fundido (lava ~a) | hõõguv | [hɜ:guʋ] |
| desfiladeiro (m) | kanjon | [kanjon] |

| garganta (f) | kuristik, taarn | [kurisʲtik, taːrn] |
| fenda (f) | kaljulõhe | [kaljulɜhe] |
| precipício (m) | kuristik | [kurisʲtik] |

| passo, colo (m) | kuru | [kuru] |
| planalto (m) | platoo | [platoː] |
| falésia (f) | kalju | [kalju] |
| colina (f) | küngas | [kʉngas] |

| glaciar (m) | liustik | [liusʲtik] |
| queda (f) d'água | juga | [juga] |
| géiser (m) | geiser | [gejser] |
| lago (m) | järv | [jærʋ] |

| planície (f) | lausmaa | [lausmaː] |
| paisagem (f) | maastik | [maːsʲtik] |
| eco (m) | kaja | [kaja] |

| alpinista (m) | alpinist | [alʲpinisʲt] |
| escalador (m) | kaljuronija | [kaljuronija] |
| conquistar (vt) | vallutama | [ʋalʲutama] |
| subida, escalada (f) | mäkketõus | [mækketɜus] |

## 169. Rios

| rio (m) | jõgi | [jɜgi] |
| fonte, nascente (f) | allikas | [alʲikas] |
| leito (m) do rio | säng | [sæng] |
| bacia (f) | bassein | [bassejn] |
| desaguar no ... | suubuma | [suːbuma] |

| afluente (m) | lisajõgi | [lisajɜgi] |
| margem (do rio) | kallas | [kalʲæs] |

| corrente (f) | vool | [ʋoːlʲ] |
| rio abaixo | allavoolu | [alʲæʋoːlu] |
| rio acima | ülesvoolu | [ʉlesʋoːlu] |

| inundação (f) | üleujutus | [ʉleujutus] |
| cheia (f) | suurvesi | [suːrʋesi] |
| transbordar (vi) | üle ujutama | [ʉle ujutama] |
| inundar (vt) | uputama | [uputama] |

| banco (m) de areia | madalik | [madalik] |
| rápidos (m pl) | lävi | [lʲæʋi] |

| barragem (f) | pais | [pais] |
| canal (m) | kanal | [kanalʲ] |
| reservatório (m) de água | veehoidla | [ʋeːhojtla] |
| eclusa (f) | lüüs | [lʉːs] |

| corpo (m) de água | veekogu | [ʋeːkogu] |
| pântano (m) | soo | [soː] |
| tremedal (m) | õõtssoo | [ɜːtssoː] |

| remoinho (m) | veekeeris | [ʋe:ke:ris] |
| arroio, regato (m) | oja | [oja] |
| potável | joogi- | [jo:gi-] |
| doce (água) | mage- | [mage-] |

| gelo (m) | jää | [jæ:] |
| congelar-se (vr) | külmuma | [kʉlʲmuma] |

## 170. Floresta

| floresta (f), bosque (m) | mets | [mets] |
| florestal | metsa- | [metsa-] |

| mata (f) cerrada | tihnik | [tihnik] |
| arvoredo (m) | salu | [salu] |
| clareira (f) | lagendik | [lagendik] |

| matagal (m) | padrik | [padrik] |
| mato (m) | põõsastik | [pɜ:sasʲtik] |

| vereda (f) | jalgrada | [jalʲgrada] |
| ravina (f) | jäärak | [jæ:rak] |

| árvore (f) | puu | [pu:] |
| folha (f) | leht | [leht] |
| folhagem (f) | lehestik | [lehesʲtik] |

| queda (f) das folhas | lehtede langemine | [lehtede langemine] |
| cair (vi) | langema | [langema] |
| topo (m) | latv | [latʋ] |

| ramo (m) | oks | [oks] |
| galho (m) | oks | [oks] |
| botão, rebento (m) | pung | [pung] |
| agulha (f) | okas | [okas] |
| pinha (f) | käbi | [kæbi] |

| buraco (m) de árvore | puuõõs | [pu:ɜ:s] |
| ninho (m) | pesa | [pesa] |
| toca (f) | urg | [urg] |

| tronco (m) | tüvi | [tʉʋi] |
| raiz (f) | juur | [ju:r] |
| casca (f) de árvore | koor | [ko:r] |
| musgo (m) | sammal | [sammalʲ] |

| arrancar pela raiz | juurima | [ju:rima] |
| cortar (vt) | raiuma | [raiuma] |
| desflorestar (vt) | maha raiuma | [maha raiuma] |
| toco, cepo (m) | känd | [kænt] |

| fogueira (f) | lõke | [lɜke] |
| incêndio (m) florestal | tulekahju | [tulekahju] |
| apagar (vt) | kustutama | [kusʲtutama] |

| guarda-florestal (m) | metsavaht | [metsaʋaht] |
| proteção (f) | taimekaitse | [taimekaitse] |
| proteger (a natureza) | looduskaitse | [loːduskaitse] |
| caçador (m) furtivo | salakütt | [salakʉtt] |
| armadilha (f) | püünis | [pʉːnis] |

| colher (cogumelos, bagas) | korjama | [korjama] |
| perder-se (vr) | ära eksima | [æra eksima] |

## 171. Recursos naturais

| recursos (m pl) naturais | loodusvarad | [loːdusʋarat] |
| minerais (m pl) | maavarad | [maːʋarat] |
| depósitos (m pl) | lademed | [lademet] |
| jazida (f) | leiukoht | [lejukoht] |

| extrair (vt) | kaevandama | [kaeʋandama] |
| extração (f) | kaevandamine | [kaeʋandamine] |
| minério (m) | maak | [maːk] |
| mina (f) | kaevandus | [kaeʋandus] |
| poço (m) de mina | šaht | [ʃaht] |
| mineiro (m) | kaevur | [kaeʋur] |

| gás (m) | gaas | [gaːs] |
| gasoduto (m) | gaasijuhe | [gaːsijuhe] |

| petróleo (m) | nafta | [nafta] |
| oleoduto (m) | naftajuhe | [naftajuhe] |
| poço (m) de petróleo | nafta puurtorn | [nafta puːrtorn] |
| torre (f) petrolífera | puurtorn | [puːrtorn] |
| petroleiro (m) | tanker | [tanker] |

| areia (f) | liiv | [liːʋ] |
| calcário (m) | paekivi | [paekiʋi] |
| cascalho (m) | kruus | [kruːs] |
| turfa (f) | turvas | [turʋas] |
| argila (f) | savi | [saʋi] |
| carvão (m) | süsi | [sʉsi] |

| ferro (m) | raud | [raut] |
| ouro (m) | kuld | [kulʲt] |
| prata (f) | hõbe | [hɜbe] |
| níquel (m) | nikkel | [nikkelʲ] |
| cobre (m) | vask | [ʋask] |

| zinco (m) | tsink | [tsink] |
| manganês (m) | mangaan | [mangaːn] |
| mercúrio (m) | elavhõbe | [elaʋhɜbe] |
| chumbo (m) | seatina | [seatina] |

| mineral (m) | mineraal | [mineraːlʲ] |
| cristal (m) | kristall | [krisʲtalʲ] |
| mármore (m) | marmor | [marmor] |
| urânio (m) | uraan | [uraːn] |

# A Terra. Parte 2

## 172. Tempo

| | | |
|---|---|---|
| tempo (m) | ilm | [ilʲm] |
| previsão (f) do tempo | ilmaennustus | [ilʲmaennusʲtus] |
| temperatura (f) | temperatuur | [temperatu:r] |
| termómetro (m) | kraadiklaas | [kra:dikla:s] |
| barómetro (m) | baromeeter | [barome:ter] |
| | | |
| húmido | niiske | [ni:ske] |
| humidade (f) | niiskus | [ni:skus] |
| calor (m) | kuumus | [ku:mus] |
| cálido | kuum | [ku:m] |
| está muito calor | on kuum | [on ku:m] |
| | | |
| está calor | soojus | [so:jus] |
| quente | soe | [soe] |
| | | |
| está frio | on külm | [on kʉlʲm] |
| frio | külm | [kʉlʲm] |
| | | |
| sol (m) | päike | [pæjke] |
| brilhar (vi) | paistma | [paisʲtma] |
| de sol, ensolarado | päikseline | [pæjkseline] |
| nascer (vi) | tõusma | [tɜusma] |
| pôr-se (vr) | loojuma | [lo:juma] |
| | | |
| nuvem (f) | pilv | [pilʲʊ] |
| nublado | pilves | [pilʲʊes] |
| nuvem (f) preta | pilv | [pilʲʊ] |
| escuro, cinzento | sompus | [sompus] |
| | | |
| chuva (f) | vihm | [ʊihm] |
| está a chover | vihma sajab | [ʊihma sajab] |
| | | |
| chuvoso | vihmane | [ʊihmane] |
| chuviscar (vi) | tibutama | [tibutama] |
| | | |
| chuva (f) torrencial | paduvihm | [paduʊihm] |
| chuvada (f) | hoovihm | [ho:ʊihm] |
| forte (chuva) | tugev | [tugeʊ] |
| | | |
| poça (f) | lomp | [lomp] |
| molhar-se (vr) | märjaks saama | [mærjaks sa:ma] |
| | | |
| nevoeiro (m) | udu | [udu] |
| de nevoeiro | udune | [udune] |
| neve (f) | lumi | [lumi] |
| está a nevar | lund sajab | [lunt sajab] |

## 173. Tempo extremo. Catástrofes naturais

| | | |
|---|---|---|
| trovoada (f) | äike | [æjke] |
| relâmpago (m) | välk | [ʋælʲk] |
| relampejar (vi) | välku lööma | [ʋælʲku lø:ma] |
| | | |
| trovão (m) | kõu | [kɜu] |
| trovejar (vi) | müristama | [mʉrisʲtama] |
| está a trovejar | müristab | [mʉrisʲtab] |
| | | |
| granizo (m) | rahe | [rahe] |
| está a cair granizo | rahet sajab | [rahet sajab] |
| | | |
| inundar (vt) | üle ujutama | [ʉle ujutama] |
| inundação (f) | üleujutus | [ʉleujutus] |
| | | |
| terremoto (m) | maavärin | [ma:ʋærin] |
| abalo, tremor (m) | tõuge | [tɜuge] |
| epicentro (m) | epitsenter | [epitsenter] |
| | | |
| erupção (f) | vulkaanipurse | [ʋulʲka:nipurse] |
| lava (f) | laava | [la:ʋa] |
| | | |
| turbilhão (m) | tromb | [tromb] |
| tornado (m) | tornaado | [torna:do] |
| tufão (m) | taifuun | [taifu:n] |
| | | |
| furacão (m) | orkaan | [orka:n] |
| tempestade (f) | torm | [torm] |
| tsunami (m) | tsunami | [tsunami] |
| | | |
| ciclone (m) | tsüklon | [tsʉklon] |
| mau tempo (m) | halb ilm | [halʲb ilʲm] |
| incêndio (m) | tulekahju | [tulekahju] |
| catástrofe (f) | katastroof | [katasʲtro:f] |
| meteorito (m) | meteoriit | [meteori:t] |
| | | |
| avalanche (f) | laviin | [laʋi:n] |
| deslizamento (m) de neve | varing | [ʋaring] |
| nevasca (f) | lumetorm | [lumetorm] |
| tempestade (f) de neve | tuisk | [tuisk] |

# Fauna

## 174. Mamíferos. Predadores

| predador (m) | kiskja | [kiskja] |
| tigre (m) | tiiger | [ti:ger] |
| leão (m) | lõvi | [lɜʋi] |
| lobo (m) | hunt | [hunt] |
| raposa (f) | rebane | [rebane] |

| jaguar (m) | jaaguar | [ja:guar] |
| leopardo (m) | leopard | [leopart] |
| chita (f) | gepard | [gepart] |

| pantera (f) | panter | [panter] |
| puma (m) | puuma | [pu:ma] |
| leopardo-das-neves (m) | lumeleopard | [lumeleopart] |
| lince (m) | ilves | [ilʲʋes] |

| coiote (m) | koiott | [kojott] |
| chacal (m) | šaakal | [ʃa:kalʲ] |
| hiena (f) | hüään | [hʉæ:n] |

## 175. Animais selvagens

| animal (m) | loom | [lo:m] |
| besta (f) | metsloom | [metslo:m] |

| esquilo (m) | orav | [oraʋ] |
| ouriço (m) | siil | [si:lʲ] |
| lebre (f) | jänes | [jænes] |
| coelho (m) | küülik | [kʉ:lik] |

| texugo (m) | mäger | [mæger] |
| guaxinim (m) | pesukaru | [pesukaru] |
| hamster (m) | hamster | [hamsʲter] |
| marmota (f) | koopaorav | [ko:paoraʋ] |

| toupeira (f) | mutt | [mutt] |
| rato (m) | hiir | [hi:r] |
| ratazana (f) | rott | [rott] |
| morcego (m) | nahkhiir | [nahkhi:r] |

| arminho (m) | kärp | [kærp] |
| zibelina (f) | soobel | [so:belʲ] |
| marta (f) | nugis | [nugis] |
| doninha (f) | nirk | [nirk] |
| vison (m) | naarits | [na:rits] |

| | | |
|---|---|---|
| castor (m) | kobras | [kobras] |
| lontra (f) | saarmas | [saːrmas] |

| | | |
|---|---|---|
| cavalo (m) | hobune | [hobune] |
| alce (m) | põder | [pɜder] |
| veado (m) | põhjapõder | [pɜhjapɜder] |
| camelo (m) | kaamel | [kaːmelʲ] |

| | | |
|---|---|---|
| bisão (m) | piison | [piːson] |
| auroque (m) | euroopa piison | [euroːpa piːson] |
| búfalo (m) | pühvel | [pʉhʊelʲ] |

| | | |
|---|---|---|
| zebra (f) | sebra | [sebra] |
| antílope (m) | antiloop | [antiloːp] |
| corça (f) | metskits | [metskits] |
| gamo (m) | kabehirv | [kabehiru] |
| camurça (f) | mägikits | [mæɡikits] |
| javali (m) | metssiga | [metssiga] |

| | | |
|---|---|---|
| baleia (f) | vaal | [ʊaːlʲ] |
| foca (f) | hüljes | [hʉljes] |
| morsa (f) | merihobu | [merihobu] |
| urso-marinho (m) | kotik | [kotik] |
| golfinho (m) | delfiin | [delfiːn] |

| | | |
|---|---|---|
| urso (m) | karu | [karu] |
| urso (m) branco | jääkaru | [jæːkaru] |
| panda (m) | panda | [panda] |

| | | |
|---|---|---|
| macaco (em geral) | ahv | [ahʊ] |
| chimpanzé (m) | šimpans | [ʃimpans] |
| orangotango (m) | orangutang | [orangutang] |
| gorila (m) | gorilla | [gorilʲæ] |
| macaco (m) | makaak | [makaːk] |
| gibão (m) | gibon | [gibon] |

| | | |
|---|---|---|
| elefante (m) | elevant | [eleʊant] |
| rinoceronte (m) | ninasarvik | [ninasarʊik] |
| girafa (f) | kaelkirjak | [kaelʲkirjak] |
| hipopótamo (m) | jõehobu | [jɜehobu] |

| | | |
|---|---|---|
| canguru (m) | känguru | [kænguru] |
| coala (m) | koaala | [koaːla] |

| | | |
|---|---|---|
| mangusto (m) | mangust | [mangusʲt] |
| chinchila (m) | tšintšilja | [tʃintʃilja] |
| doninha-fedorenta (f) | skunk | [skunk] |
| porco-espinho (m) | okassiga | [okassiga] |

## 176. Animais domésticos

| | | |
|---|---|---|
| gata (f) | kass | [kass] |
| gato (m) macho | kass | [kass] |
| cão (m) | koer | [koer] |

| | | |
|---|---|---|
| cavalo (m) | hobune | [hobune] |
| garanhão (m) | täkk | [tækk] |
| égua (f) | mära | [mæra] |
| vaca (f) | lehm | [lehm] |
| touro (m) | pull | [pulʲ] |
| boi (m) | härg | [hærg] |
| ovelha (f) | lammas | [lammas] |
| carneiro (m) | oinas | [ojnas] |
| cabra (f) | kits | [kits] |
| bode (m) | sokk | [sokk] |
| burro (m) | eesel | [e:selʲ] |
| mula (f) | muul | [mu:lʲ] |
| porco (m) | siga | [siga] |
| leitão (m) | põrsas | [pɜrsas] |
| coelho (m) | küülik | [kʉ:lik] |
| galinha (f) | kana | [kana] |
| galo (m) | kukk | [kukk] |
| pata (f) | part | [part] |
| pato (macho) | sinikaelpart | [sinikaelʲpart] |
| ganso (m) | hani | [hani] |
| peru (m) | kalkun | [kalʲkun] |
| perua (f) | kalkun | [kalʲkun] |
| animais (m pl) domésticos | koduloomad | [kodulo:mat] |
| domesticado | kodustatud | [kodusʲtatut] |
| domesticar (vt) | taltsutama | [talʲtsutama] |
| criar (vt) | üles kasvatama | [ʉles kasʋatama] |
| quinta (f) | farm | [farm] |
| aves (f pl) domésticas | kodulinnud | [kodulinnut] |
| gado (m) | kariloomad | [karilo:mat] |
| rebanho (m), manada (f) | kari | [kari] |
| estábulo (m) | hobusetall | [hobusetalʲ] |
| pocilga (f) | sigala | [sigala] |
| estábulo (m) | lehmalaut | [lehmalaut] |
| coelheira (f) | küülikukasvandus | [kʉ:likukasʋandus] |
| galinheiro (m) | kanala | [kanala] |

## 177. Cães. Raças de cães

| | | |
|---|---|---|
| cão (m) | koer | [koer] |
| cão pastor (m) | lambakoer | [lambakoer] |
| pastor-alemão (m) | saksa lambakoer | [saksa lambakoer] |
| caniche (m) | puudel | [pu:delʲ] |
| teckel (m) | taksikoer | [taksikoer] |
| buldogue (m) | buldog | [bulʲdog] |

| boxer (m) | bokser | [bokser] |
| mastim (m) | Mastif | [masʲtif] |
| rottweiler (m) | Rotveiler | [rotʊejler] |
| dobermann (m) | dobermann | [dobermann] |

| basset (m) | basset | [basset] |
| pastor inglês (m) | vana-inglise lambakoer | [ʊana-inglise lambakoer] |
| dálmata (m) | Dalmaatsia koer | [dalʲmaːtsia koer] |
| cocker spaniel (m) | kokkerspanjel | [kokkerspanjelʲ] |

| terra-nova (m) | Newfoundlandi koer | [njufauntlandi koer] |
| são-bernardo (m) | bernhardiin | [bernhardiːn] |

| husky (m) | siberi husky | [siberi husky] |
| Chow-chow (m) | Tšau-tšau | [tʃau-tʃau] |
| spitz alemão (m) | spits | [spits] |
| carlindogue (m) | mops | [mops] |

## 178. Sons produzidos pelos animais

| latido (m) | haukumine | [haukumine] |
| latir (vi) | haukuma | [haukuma] |
| miar (vi) | näuguma | [næuguma] |
| ronronar (vi) | nurru lööma | [nurru løːma] |

| mugir (vaca) | ammuma | [ammuma] |
| bramir (touro) | möirgama | [møirgama] |
| rosnar (vi) | urisema | [urisema] |

| uivo (m) | ulg | [ulʲg] |
| uivar (vi) | ulguma | [ulʲguma] |
| ganir (vi) | niutsuma | [niutsuma] |

| balir (vi) | määgima | [mæːgima] |
| grunhir (porco) | röhkima | [røhkima] |
| guinchar (vi) | vinguma | [ʊinguma] |

| coaxar (sapo) | krooksuma | [kroːksuma] |
| zumbir (inseto) | vinguma | [ʊinguma] |
| estridular, ziziar (vi) | siristama | [sirisʲtama] |

## 179. Pássaros

| pássaro (m), ave (f) | lind | [lint] |
| pombo (m) | tuvi | [tuʊi] |
| pardal (m) | varblane | [ʊarblane] |
| chapim-real (m) | tihane | [tihane] |
| pega-rabuda (f) | harakas | [harakas] |

| corvo (m) | ronk | [ronk] |
| gralha (f) cinzenta | vares | [ʊares] |
| gralha-de-nuca-cinzenta (f) | hakk | [hakk] |

| gralha-calva (f) | künnivares | [kʉnniʋares] |
| pato (m) | part | [part] |
| ganso (m) | hani | [hani] |
| faisão (m) | faasan | [faːsan] |

| águia (f) | kotkas | [kotkas] |
| açor (m) | kull | [kulʲ] |
| falcão (m) | kotkas | [kotkas] |

| abutre (m) | raisakull | [raisakulʲ] |
| condor (m) | kondor | [kondor] |

| cisne (m) | luik | [luik] |
| grou (m) | kurg | [kurg] |
| cegonha (f) | toonekurg | [toːnekurg] |

| papagaio (m) | papagoi | [papagoj] |
| beija-flor (m) | koolibri | [koːlibri] |
| pavão (m) | paabulind | [paːbulint] |

| avestruz (m) | jaanalind | [jaːnalint] |
| garça (f) | haigur | [haigur] |

| flamingo (m) | flamingo | [flamingo] |
| pelicano (m) | pelikan | [pelikan] |

| rouxinol (m) | ööbik | [øːbik] |
| andorinha (f) | suitsupääsuke | [suitsupæːsuke] |

| tordo-zornal (m) | rästas | [ræsʲtas] |
| tordo-músico (m) | laulurästas | [lauluræsʲtas] |
| melro-preto (m) | musträstas | [musʲtræsʲtas] |

| andorinhão (m) | piiripääsuke | [piːripæːsuke] |
| cotovia (f) | lõoke | [lɜoke] |
| codorna (f) | vutt | [uutt] |

| pica-pau (m) | rähn | [ræhn] |
| cuco (m) | kägu | [kægu] |
| coruja (f) | öökull | [øːkulʲ] |
| corujão, bufo (m) | kakk | [kakk] |
| tetraz-grande (m) | metsis | [metsis] |

| tetraz-lira (m) | teder | [teder] |
| perdiz-cinzenta (f) | põldpüü | [pɜlʲtpʉː] |

| estorninho (m) | kuldnokk | [kulʲdnokk] |
| canário (m) | kanaarilind | [kanaːrilint] |
| galinha-do-mato (f) | laanepüü | [laːnepʉː] |

| tentilhão (m) | metsvint | [metsʋint] |
| dom-fafe (m) | leevike | [leːʋike] |

| gaivota (f) | kajakas | [kajakas] |
| albatroz (m) | albatross | [alʲbatross] |
| pinguim (m) | pingviin | [pingʋiːn] |

## 180. Pássaros. Canto e sons

| | | |
|---|---|---|
| cantar (vi) | laulma | [laulʲma] |
| gritar (vi) | karjuma | [karjuma] |
| cantar (o galo) | kirema | [kirema] |
| cocorocó (m) | kikerikii | [kikeriki:] |
| | | |
| cacarejar (vi) | kaagutama | [ka:gutama] |
| crocitar (vi) | kraaksuma | [kra:ksuma] |
| grasnar (vi) | prääksuma | [præ:ksuma] |
| piar (vi) | piiksuma | [pi:ksuma] |
| chilrear, gorjear (vi) | siristama | [sirisʲtama] |

## 181. Peixes. Animais marinhos

| | | |
|---|---|---|
| brema (f) | latikas | [latikas] |
| carpa (f) | karpkala | [karpkala] |
| perca (f) | ahven | [ahʋen] |
| siluro (m) | säga | [sæga] |
| lúcio (m) | haug | [haug] |
| | | |
| salmão (m) | lõhe | [lɜhe] |
| esturjão (m) | tuurakala | [tu:rakala] |
| | | |
| arenque (m) | heeringas | [he:ringas] |
| salmão (m) | väärislõhe | [ʋæ:rislɜhe] |
| cavala, sarda (f) | skumbria | [skumbria] |
| solha (f) | lest | [lesʲt] |
| | | |
| lúcio perca (m) | kohakala | [kohakala] |
| bacalhau (m) | tursk | [tursk] |
| atum (m) | tuunikala | [tu:nikala] |
| truta (f) | forell | [forelʲ] |
| | | |
| enguia (f) | angerjas | [angerjas] |
| raia elétrica (f) | elektrirai | [elektrirai] |
| moreia (f) | mureen | [mure:n] |
| piranha (f) | piraaja | [pira:ja] |
| | | |
| tubarão (m) | haikala | [haikala] |
| golfinho (m) | delfiin | [delfi:n] |
| baleia (f) | vaal | [ʋa:lʲ] |
| | | |
| caranguejo (m) | krabi | [krabi] |
| medusa, alforreca (f) | meduus | [medu:s] |
| polvo (m) | kaheksajalg | [kaheksajalʲg] |
| | | |
| estrela-do-mar (f) | meritäht | [meritæht] |
| ouriço-do-mar (m) | merisiil | [merisi:lʲ] |
| cavalo-marinho (m) | merihobuke | [merihobuke] |
| | | |
| ostra (f) | auster | [ausʲter] |
| camarão (m) | krevett | [kreʋett] |

| lavagante (m) | homaar | [homa:r] |
| lagosta (f) | langust | [langus⟨t] |

## 182. Amfíbios. Répteis

| serpente, cobra (f) | uss | [uss] |
| venenoso | mürgine | [murgine] |

| víbora (f) | rästik | [ræs⟨tik] |
| cobra-capelo, naja (f) | kobra | [kobra] |
| pitão (m) | püüton | [pu:ton] |
| jiboia (f) | boamadu | [boamadu] |

| cobra-de-água (f) | nastik | [nas⟨tik] |
| cascavel (f) | lõgismadu | [lɜgismadu] |
| anaconda (f) | anakonda | [anakonda] |

| lagarto (m) | sisalik | [sisalik] |
| iguana (f) | iguaan | [igua:n] |
| varano (m) | varaan | [ʋara:n] |
| salamandra (f) | salamander | [salamander] |
| camaleão (m) | kameeleon | [kame:leon] |
| escorpião (m) | skorpion | [skorpion] |

| tartaruga (f) | kilpkonn | [kil⟨pkonn] |
| rã (f) | konn | [konn] |
| sapo (m) | kärnkonn | [kærnkonn] |
| crocodilo (m) | krokodill | [krokodil⟨] |

## 183. Insetos

| inseto (m) | putukas | [putukas] |
| borboleta (f) | liblikas | [liblikas] |
| formiga (f) | sipelgas | [sipel⟨gas] |
| mosca (f) | kärbes | [kærbes] |
| mosquito (m) | sääsk | [sæ:sk] |
| escaravelho (m) | sitikas | [sitikas] |

| vespa (f) | herilane | [herilane] |
| abelha (f) | mesilane | [mesilane] |
| mamangava (f) | metsmesilane | [metsmesilane] |
| moscardo (m) | kiin | [ki:n] |

| aranha (f) | ämblik | [æmblik] |
| teia (f) de aranha | ämblikuvõrk | [æmblikuuɜrk] |

| libélula (f) | kiil | [ki:l⟨] |
| gafanhoto-do-campo (m) | rohutirts | [rohutirts] |
| traça (f) | liblikas | [liblikas] |

| barata (f) | tarakan | [tarakan] |
| carraça (f) | puuk | [pu:k] |

| pulga (f) | kirp | [kirp] |
|---|---|---|
| borrachudo (m) | kihulane | [kihulane] |

| gafanhoto (m) | rändtirts | [rændtirts] |
|---|---|---|
| caracol (m) | tigu | [tigu] |
| grilo (m) | ritsikas | [ritsikas] |
| pirilampo (m) | jaaniuss | [jaːniuss] |
| joaninha (f) | lepatriinu | [lepatriːnu] |
| besouro (m) | maipõrnikas | [maipɜrnikas] |

| sanguessuga (f) | kaan | [kaːn] |
|---|---|---|
| lagarta (f) | tõuk | [tɜuk] |
| minhoca (f) | vagel | [ʋagelʲ] |
| larva (f) | tõuk | [tɜuk] |

## 184. Animais. Partes do corpo

| bico (m) | nokk | [nokk] |
|---|---|---|
| asas (f pl) | tiivad | [tiːʋat] |
| pata (f) | jalg | [jalʲg] |
| plumagem (f) | sulestik | [sulesʲtik] |
| pena, pluma (f) | sulg | [sulʲg] |
| crista (f) | pappus | [pappus] |

| brânquias, guelras (f pl) | lõpused | [lɜpuset] |
|---|---|---|
| ovas (f pl) | kalamari | [kalamari] |
| larva (f) | vastne | [ʋasʲtne] |
| barbatana (f) | uim | [uim] |
| escama (f) | soomus | [soːmus] |

| canino (m) | kihv | [kihʋ] |
|---|---|---|
| pata (f) | käpp | [kæpp] |
| focinho (m) | nägu | [nægu] |
| boca (f) | koon | [koːn] |
| cauda (f), rabo (m) | saba | [saba] |
| bigodes (m pl) | vurrud | [ʋurrut] |

| casco (m) | kabi | [kabi] |
|---|---|---|
| corno (m) | sarv | [sarʋ] |

| carapaça (f) | soomuskate | [soːmuskate] |
|---|---|---|
| concha (f) | koda | [koda] |
| casca (f) de ovo | munakoor | [munakoːr] |

| pelo (m) | karvad | [karʋat] |
|---|---|---|
| pele (f), couro (m) | nahk | [nahk] |

## 185. Animais. Habitats

| hábitat | elukeskkond | [elukeskkont] |
|---|---|---|
| migração (f) | migratsioon | [migratsioːn] |
| montanha (f) | mägi | [mægi] |

| | | |
|---|---|---|
| recife (m) | riff | [riff] |
| falésia (f) | kalju | [kalju] |
| | | |
| floresta (f) | mets | [mets] |
| selva (f) | džungel | [dʒungelʲ] |
| savana (f) | savann | [sauann] |
| tundra (f) | tundra | [tundra] |
| | | |
| estepe (f) | stepp | [sˡtepp] |
| deserto (m) | kõrb | [kɜrb] |
| oásis (m) | oaas | [oa:s] |
| | | |
| mar (m) | meri | [meri] |
| lago (m) | järv | [jæru] |
| oceano (m) | ookean | [o:kean] |
| | | |
| pântano (m) | soo | [so:] |
| de água doce | mageveeline | [mageue:line] |
| lagoa (f) | tiik | [ti:k] |
| rio (m) | jõgi | [jɜgi] |
| | | |
| toca (f) do urso | karukoobas | [karuko:bas] |
| ninho (m) | pesa | [pesa] |
| buraco (m) de árvore | õõs | [ɜ:s] |
| toca (f) | urg | [urg] |
| formigueiro (m) | sipelgapesa | [sipelʲgapesa] |

# Flora

## 186. Árvores

| | | |
|---|---|---|
| árvore (f) | puu | [pu:] |
| decídua | lehtpuu | [lehtpu:] |
| conífera | okaspuu | [okaspu:] |
| perene | igihaljas | [igihaljas] |

| | | |
|---|---|---|
| macieira (f) | õunapuu | [ɜunapu:] |
| pereira (f) | pirnipuu | [pirnipu:] |
| cerejeira (f) | murelipuu | [murelipu:] |
| ginjeira (f) | kirsipuu | [kirsipu:] |
| ameixeira (f) | ploomipuu | [plo:mipu:] |

| | | |
|---|---|---|
| bétula (f) | kask | [kask] |
| carvalho (m) | tamm | [tamm] |
| tília (f) | pärn | [pærn] |
| choupo-tremedor (m) | haav | [ha:ʋ] |
| bordo (m) | vaher | [ʋaher] |
| espruce-europeu (m) | kuusk | [ku:sk] |
| pinheiro (m) | mänd | [mænt] |
| alerce, lariço (m) | lehis | [lehis] |
| abeto (m) | nulg | [nulʲg] |
| cedro (m) | seeder | [se:der] |

| | | |
|---|---|---|
| choupo, álamo (m) | pappel | [pappelʲ] |
| tramazeira (f) | pihlakas | [pihlakas] |
| salgueiro (m) | paju | [paju] |
| amieiro (m) | lepp | [lepp] |
| faia (f) | pöök | [pø:k] |
| ulmeiro (m) | jalakas | [jalakas] |
| freixo (m) | saar | [sa:r] |
| castanheiro (m) | kastan | [kasʲtan] |

| | | |
|---|---|---|
| magnólia (f) | magnoolia | [magno:lia] |
| palmeira (f) | palm | [palʲm] |
| cipreste (m) | küpress | [kupress] |

| | | |
|---|---|---|
| mangue (m) | mangroovipuu | [mangro:ʋipu:] |
| embondeiro, baobá (m) | ahvileivapuu | [ahʋilejʋapu:] |
| eucalipto (m) | eukalüpt | [eukalupt] |
| sequoia (f) | sekvoia | [sekʋoja] |

## 187. Arbustos

| | | |
|---|---|---|
| arbusto (m) | põõsas | [pɜ:sas] |
| arbusto (m), moita (f) | põõsastik | [pɜ:sasʲtik] |

| videira (f) | viinamarjad | [ʋi:namarjat] |
| vinhedo (m) | viinamarjaistandus | [ʋi:namarjaisˈtandus] |

| framboeseira (f) | vaarikas | [ʋa:rikas] |
| groselheira-preta (f) | mustsõstra põõsas | [musˈt sɜsˈtra pɜ:sas] |
| groselheira-vermelha (f) | punane sõstar põõsas | [punane sɜsˈtar pɜ:sas] |
| groselheira (f) espinhosa | karusmari | [karusmari] |

| acácia (f) | akaatsia | [aka:tsia] |
| bérberis (f) | kukerpuu | [kukerpu:] |
| jasmim (m) | jasmiin | [jasmi:n] |

| junípero (m) | kadakas | [kadakas] |
| roseira (f) | roosipõõsas | [ro:sipɜ:sas] |
| roseira (f) brava | kibuvits | [kibuʋits] |

## 188. Cogumelos

| cogumelo (m) | seen | [se:n] |
| cogumelo (m) comestível | söödav seen | [sø:dau se:n] |
| cogumelo (m) venenoso | mürgine seen | [mʉrgine se:n] |
| chapéu (m) | seenekübar | [se:nekʉbar] |
| pé, caule (m) | seenejalg | [se:nejalˈg] |

| boleto (m) | kivipuravik | [kiʋipuraʋik] |
| boleto (m) alaranjado | haavapuravik | [ha:ʋapuraʋik] |
| míscaro (m) das bétulas | kasepuravik | [kasepuraʋik] |
| cantarela (f) | kukeseen | [kukese:n] |
| rússula (f) | pilvik | [pilˈʋik] |

| morchella (f) | mürkel | [mʉrkelʲ] |
| agário-das-moscas (m) | kärbseseen | [kærbsese:n] |
| cicuta (f) verde | sitaseen | [sitase:n] |

## 189. Frutos. Bagas

| fruta (f) | puuvili | [pu:ʋili] |
| frutas (f pl) | puuviljad | [pu:ʋiljat] |
| maçã (f) | õun | [ɜun] |
| pera (f) | pirn | [pirn] |
| ameixa (f) | ploom | [plo:m] |

| morango (m) | aedmaasikas | [aedma:sikas] |
| ginja (f) | kirss | [kirss] |
| cereja (f) | murel | [murelʲ] |
| uva (f) | viinamarjad | [ʋi:namarjat] |

| framboesa (f) | vaarikas | [ʋa:rikas] |
| groselha (f) preta | must sõstar | [musˈt sɜsˈtar] |
| groselha (f) vermelha | punane sõstar | [punane sɜsˈtar] |
| groselha (f) espinhosa | karusmari | [karusmari] |
| oxicoco (m) | jõhvikas | [jɜhʋikas] |

| laranja (f) | apelsin | [apel'sin] |
| tangerina (f) | mandariin | [mandari:n] |
| ananás (m) | ananass | [ananass] |
| banana (f) | banaan | [bana:n] |
| tâmara (f) | dattel | [dattel'] |

| limão (m) | sidrun | [sidrun] |
| damasco (m) | aprikoos | [apriko:s] |
| pêssego (m) | virsik | [ʋirsik] |
| kiwi (m) | kiivi | [ki:ʋi] |
| toranja (f) | greip | [grejp] |

| baga (f) | mari | [mari] |
| bagas (f pl) | marjad | [marjat] |
| arando (m) vermelho | pohlad | [pohlat] |
| morango-silvestre (m) | maasikas | [ma:sikas] |
| mirtilo (m) | mustikas | [mus'tikas] |

## 190. Flores. Plantas

| flor (f) | lill | [lil'] |
| ramo (m) de flores | lillekimp | [lil'ekimp] |

| rosa (f) | roos | [ro:s] |
| tulipa (f) | tulp | [tul'p] |
| cravo (m) | nelk | [nel'k] |
| gladíolo (m) | gladiool | [gladio:l'] |

| centáurea (f) | rukkilill | [rukkilil'] |
| campânula (f) | kellukas | [kel'ukas] |
| dente-de-leão (m) | võilill | [ʋɜilil'] |
| camomila (f) | karikakar | [karikakar] |

| aloé (m) | aaloe | [a:loe] |
| cato (m) | kaktus | [kaktus] |
| fícus (m) | kummipuu | [kummipu:] |

| lírio (m) | liilia | [li:lia] |
| gerânio (m) | geraanium | [gera:nium] |
| jacinto (m) | hüatsint | [hʋatsint] |

| mimosa (f) | mimoos | [mimo:s] |
| narciso (m) | nartsiss | [nartsiss] |
| capuchinha (f) | kress | [kress] |

| orquídea (f) | orhidee | [orhide:] |
| peónia (f) | pojeng | [pojeng] |
| violeta (f) | kannike | [kannike] |

| amor-perfeito (m) | võõrasemad | [ʋɜ:rasemat] |
| não-me-esqueças (m) | meelespea | [me:lespea] |
| margarida (f) | margareeta | [margare:ta] |
| papoula (f) | moon | [mo:n] |
| cânhamo (m) | kanep | [kanep] |

| | | |
|---|---|---|
| hortelã (f) | piparmünt | [piparmʉnt] |
| lírio-do-vale (m) | maikelluke | [maikelʲuke] |
| campânula-branca (f) | lumikelluke | [lumikelʲuke] |

| | | |
|---|---|---|
| urtiga (f) | nõges | [nɜges] |
| azeda (f) | hapuoblikas | [hapuoblikas] |
| nenúfar (m) | vesiroos | [ʋesiro:s] |
| feto (m), samambaia (f) | sõnajalg | [sɜnajalʲg] |
| líquen (m) | samblik | [samblik] |

| | | |
|---|---|---|
| estufa (f) | kasvuhoone | [kasʋuho:ne] |
| relvado (m) | muru | [muru] |
| canteiro (m) de flores | lillepeenar | [lilʲepe:nar] |

| | | |
|---|---|---|
| planta (f) | taim | [taim] |
| erva (f) | rohi | [rohi] |
| folha (f) de erva | rohulible | [rohulible] |

| | | |
|---|---|---|
| folha (f) | leht | [leht] |
| pétala (f) | õieleht | [ɜieleht] |
| talo (m) | vars | [ʋars] |
| tubérculo (m) | sibul | [sibulʲ] |

| | | |
|---|---|---|
| broto, rebento (m) | idu | [idu] |
| espinho (m) | okas | [okas] |

| | | |
|---|---|---|
| florescer (vi) | õitsema | [ɜitsema] |
| murchar (vi) | närtsima | [nærtsima] |
| cheiro (m) | lõhn | [lɜhn] |
| cortar (flores) | lõikama | [lɜikama] |
| colher (uma flor) | murdma | [murdma] |

## 191. Cereais, grãos

| | | |
|---|---|---|
| grão (m) | vili | [ʋili] |
| cereais (plantas) | teraviljad | [teraʋiljat] |
| espiga (f) | kõrs | [kɜrs] |

| | | |
|---|---|---|
| trigo (m) | nisu | [nisu] |
| centeio (m) | rukis | [rukis] |
| aveia (f) | kaer | [kaer] |

| | | |
|---|---|---|
| milho-miúdo (m) | hirss | [hirss] |
| cevada (f) | oder | [oder] |

| | | |
|---|---|---|
| milho (m) | mais | [mais] |
| arroz (m) | riis | [ri:s] |
| trigo-sarraceno (m) | tatar | [tatar] |

| | | |
|---|---|---|
| ervilha (f) | hernes | [hernes] |
| feijão (m) | aedoad | [aedoat] |
| soja (f) | soja | [soja] |
| lentilha (f) | lääts | [lʲæ:ts] |
| fava (f) | põldoad | [pɜlʲdoat] |

# GEOGRAFIA REGIONAL

## Países. Nacionalidades

### 192. Política. Governo. Parte 1

| | | |
|---|---|---|
| política (f) | **poliitika** | [poli:tika] |
| político | **poliitiline** | [poli:tiline] |
| político (m) | **poliitik** | [poli:tik] |
| estado (m) | **riik** | [ri:k] |
| cidadão (m) | **kodanik** | [kodanik] |
| cidadania (f) | **kodakondsus** | [kodakondsus] |
| brasão (m) de armas | **riigivapp** | [ri:giʋapp] |
| hino (m) nacional | **riigihümn** | [ri:gihʉmn] |
| governo (m) | **valitsus** | [ʋalitsus] |
| Chefe (m) de Estado | **riigijuht** | [ri:gijuht] |
| parlamento (m) | **riigikogu** | [ri:gikogu] |
| partido (m) | **erakond** | [erakont] |
| capitalismo (m) | **kapitalism** | [kapitalism] |
| capitalista | **kapitalistlik** | [kapitalisʲtlik] |
| socialismo (m) | **sotsialism** | [sotsialism] |
| socialista | **sotsialistlik** | [sotsialisʲtlik] |
| comunismo (m) | **kommunism** | [kommunism] |
| comunista | **kommunistlik** | [kommunisʲtlik] |
| comunista (m) | **kommunist** | [kommunisʲt] |
| democracia (f) | **demokraatia** | [demokra:tia] |
| democrata (m) | **demokraat** | [demokra:t] |
| democrático | **demokraatlik** | [demokra:tlik] |
| Partido (m) Democrático | **demokraatlik erakond** | [demokra:tlik erakont] |
| liberal (m) | **liberaal** | [libera:lʲ] |
| liberal | **liberaalne** | [libera:lʲne] |
| conservador (m) | **konservaator** | [konserʋa:tor] |
| conservador | **konservatiivne** | [konserʋati:ʊne] |
| república (f) | **vabariik** | [ʋabari:k] |
| republicano (m) | **vabariiklane** | [ʋabari:klane] |
| Partido (m) Republicano | **vabariiklik erakond** | [ʋabari:klik erakont] |
| eleições (f pl) | **valimised** | [ʋalimiset] |
| eleger (vt) | **valima** | [ʋalima] |

| eleitor (m) | valija | [ʋalija] |
|---|---|---|
| campanha (f) eleitoral | valimiskampaania | [ʋalimiskampa:nia] |

| votação (f) | hääletamine | [hæ:letamine] |
|---|---|---|
| votar (vi) | hääletama | [hæ:letama] |
| direito (m) de voto | hääleõigus | [hæ:leɜigus] |

| candidato (m) | kandidaat | [kandida:t] |
|---|---|---|
| candidatar-se (vi) | kandideerima | [kandide:rima] |
| campanha (f) | kampaania | [kampa:nia] |

| da oposição | opositsiooniline | [opositsio:niline] |
|---|---|---|
| oposição (f) | opositsioon | [opositsio:n] |

| visita (f) | visiit | [ʋisi:t] |
|---|---|---|
| visita (f) oficial | ametlik visiit | [ametlik ʋisi:t] |
| internacional | rahvusvaheline | [rahʋusʋaheline] |

| negociações (f pl) | läbirääkimised | [lʲæbiræ:kimiset] |
|---|---|---|
| negociar (vi) | läbirääkimisi pidama | [lʲæbiræ:kimisi pidama] |

## 193. Política. Governo. Parte 2

| sociedade (f) | ühiskond | [ɰhiskont] |
|---|---|---|
| constituição (f) | konstitutsioon | [konsʲtitutsio:n] |
| poder (ir para o ~) | võim | [ʋɜim] |
| corrupção (f) | korruptsioon | [korruptsio:n] |

| lei (f) | seadus | [seadus] |
|---|---|---|
| legal | seaduslik | [seaduslik] |

| justiça (f) | õiglus | [ɜiglus] |
|---|---|---|
| justo | õiglane | [ɜiglane] |

| comité (m) | komitee | [komite:] |
|---|---|---|
| projeto-lei (m) | seaduseelnõu | [seaduse:lʲnɜu] |
| orçamento (m) | eelarve | [e:larʋe] |
| política (f) | poliitika | [poli:tika] |
| reforma (f) | reform | [reform] |
| radical | radikaalne | [radika:lʲne] |

| força (f) | jõud | [jɜut] |
|---|---|---|
| poderoso | tugev | [tugeʋ] |
| partidário (m) | pooldaja | [po:lʲdaja] |
| influência (f) | mõju | [mɜju] |

| regime (m) | režiim | [reɜi:m] |
|---|---|---|
| conflito (m) | konflikt | [konflikt] |
| conspiração (f) | vandenõu | [ʋandenɜu] |
| provocação (f) | provokatsioon | [proʋokatsio:n] |

| derrubar (vt) | kukutama | [kukutama] |
|---|---|---|
| derrube (m), queda (f) | kukutamine | [kukutamine] |
| revolução (f) | revolutsioon | [reʋolutsio:n] |

| golpe (m) de Estado | riigipööre | [ri:gipø:re] |
| golpe (m) militar | sõjaväeline riigipööre | [sɜjɑʋæəline ri:gipø:re] |

| crise (f) | kriis | [kri:s] |
| recessão (f) económica | majanduslangus | [majanduslangus] |
| manifestante (m) | demonstrant | [demonsˈtrant] |
| manifestação (f) | demonstratsioon | [demonsˈtratsio:n] |
| lei (f) marcial | sõjaseisukord | [sɜjasejsukort] |
| base (f) militar | sõjaväebaas | [sɜjɑʋæəba:s] |

| estabilidade (f) | stabiilsus | [sˈtabi:lˈsus] |
| estável | stabiilne | [sˈtabi:lˈne] |

| exploração (f) | ekspluateerimine | [ekspluate:rimine] |
| explorar (vt) | ekspluateerima | [ekspluate:rima] |

| racismo (m) | rassism | [rassism] |
| racista (m) | rassist | [rassisˈt] |
| fascismo (m) | fašism | [faʃism] |
| fascista (m) | fašist | [faʃisˈt] |

## 194. Países. Diversos

| estrangeiro (m) | välismaalane | [ʋælisma:lane] |
| estrangeiro | välismaine | [ʋælismaine] |
| no estrangeiro | välismaal | [ʋælisma:lˈ] |

| emigrante (m) | emigrant | [emigrant] |
| emigração (f) | emigratsioon | [emigratsio:n] |
| emigrar (vi) | emigreerima | [emigre:rima] |

| Ocidente (m) | Lääs | [lˈæ:s] |
| Oriente (m) | Ida | [ida] |
| Extremo Oriente (m) | Kaug-Ida | [kaug-ida] |

| civilização (f) | tsivilisatsioon | [tsiʋilisatsio:n] |
| humanidade (f) | inimkond | [inimkont] |
| mundo (m) | maailm | [ma:ilˈm] |
| paz (f) | rahu | [rahu] |
| mundial | ülemaailmne | [ᵾlema:ilˈmne] |

| pátria (f) | kodumaa | [koduma:] |
| povo (m) | rahvas | [rahʋas] |
| população (f) | elanikkond | [elanikkont] |
| gente (f) | inimesed | [inimeset] |
| nação (f) | rahvus | [rahʋus] |
| geração (f) | põlvkond | [pɜlˈʋukont] |

| território (m) | territoorium | [territo:rium] |
| região (f) | regioon | [regio:n] |
| estado (m) | osariik | [osari:k] |

| tradição (f) | traditsioon | [traditsio:n] |
| costume (m) | komme | [komme] |

| | | |
|---|---|---|
| ecologia (f) | ökoloogia | [økolo:gia] |
| índio (m) | indiaanlane | [india:nlane] |
| cigano (m) | mustlane | [musʲtlane] |
| cigana (f) | mustlasnaine | [musʲtlasnaine] |
| cigano | mustlaslik | [musʲtlaslik] |

| | | |
|---|---|---|
| império (m) | impeerium | [impe:rium] |
| colónia (f) | koloonia | [kolo:nia] |
| escravidão (f) | orjus | [orjus] |
| invasão (f) | kallaletung | [kalʲæletung] |
| fome (f) | näljahäda | [næljahæda] |

## 195. Grupos religiosos mais importantes. Confissões

| | | |
|---|---|---|
| religião (f) | religioon | [religio:n] |
| religioso | religioosne | [religio:sne] |
| crença (f) | usk | [usk] |
| crer (vt) | jumalat uskuma | [jumalat uskuma] |
| crente (m) | usklik | [usklik] |
| ateísmo (m) | ateism | [atejsm] |
| ateu (m) | ateist | [atejsʲt] |
| cristianismo (m) | kristlus | [krisʲtlus] |
| cristão (m) | kristlane | [krisʲtlane] |
| cristão | kristlik | [krisʲtlik] |
| catolicismo (m) | katoliiklus | [katoli:klus] |
| católico (m) | katoliiklane | [katoli:klane] |
| católico | katoliiklik | [katoli:klik] |
| protestantismo (m) | protestantism | [protesʲtantism] |
| Igreja (f) Protestante | protestantlik kirik | [protesʲtantlik kirik] |
| protestante (m) | protestant | [protesʲtant] |
| ortodoxia (f) | õigeusk | [ɜigeusk] |
| Igreja (f) Ortodoxa | õigeusukirik | [ɜigeusukirik] |
| ortodoxo (m) | õigeusklik | [ɜigeusklik] |
| presbiterianismo (m) | presbüterlus | [presbʉterlus] |
| Igreja (f) Presbiteriana | presbüterlaste kirik | [presbʉterlasʲte kirik] |
| presbiteriano (m) | presbüterlane | [presbʉterlane] |
| Igreja (f) Luterana | luteri kirik | [luteri kirik] |
| luterano (m) | luterlane | [luterlane] |
| Igreja (f) Batista | baptism | [baptism] |
| batista (m) | baptist | [baptisʲt] |
| Igreja (f) Anglicana | anglikaani kirik | [anglika:ni kirik] |
| anglicano (m) | anglikaan | [anglika:n] |
| mormonismo (m) | mormoonlus | [mormo:nlus] |
| mórmon (m) | mormoon | [mormo:n] |

| Judaísmo (m) | judaism | [judaism] |
| judeu (m) | juudalane | [juːdalane] |

| budismo (m) | budism | [budism] |
| budista (m) | budist | [budisʲt] |

| hinduísmo (m) | hinduism | [hinduism] |
| hindu (m) | hinduist | [hinduisʲt] |

| Islão (m) | islam | [islam] |
| muçulmano (m) | moslem | [moslem] |
| muçulmano | moslemi | [moslemi] |

| Xiismo (m) | šiitlus | [ʃiːitlus] |
| xiita (m) | šiit | [ʃiːit] |

| sunismo (m) | sunnism | [sunnism] |
| sunita (m) | sunniit | [sunniːt] |

## 196. Religiões. Padres

| padre (m) | vaimulik | [ʋaimulik] |
| Papa (m) | Rooma paavst | [roːma paːʋsʲt] |

| monge (m) | munk | [munk] |
| freira (f) | nunn | [nunn] |
| pastor (m) | pastor | [pasʲtor] |

| abade (m) | abee | [abeː] |
| vigário (m) | vikaar | [ʋikaːr] |
| bispo (m) | piiskop | [piːskop] |
| cardeal (m) | kardinal | [kardinalʲ] |

| pregador (m) | jutlustaja | [jutlusʲtaja] |
| sermão (m) | jutlus | [jutlus] |
| paroquianos (pl) | koguduse liikmed | [koguduse liːkmet] |

| crente (m) | usklikud | [usklikut] |
| ateu (m) | ateist | [atejsʲt] |

## 197. Fé. Cristianismo. Islão

| Adão | Aadam | [aːdam] |
| Eva | Eeva | [eːʋa] |

| Deus (m) | Jumal | [jumalʲ] |
| Senhor (m) | Issand | [issant] |
| Todo Poderoso (m) | Kõigevägevam | [kɜigeʋægeʋam] |

| pecado (m) | patt | [patt] |
| pecar (vi) | pattu tegema | [pattu tegema] |
| pecador (m) | patustaja | [patusʲtaja] |

| | | |
|---|---|---|
| pecadora (f) | patustaja | [patusⁱtaja] |
| inferno (m) | põrgu | [pɜrgu] |
| paraíso (m) | paradiis | [paradi:s] |

| | | |
|---|---|---|
| Jesus | Jeesus | [je:sus] |
| Jesus Cristo | Jeesus Kristus | [je:sus krisⁱtus] |

| | | |
|---|---|---|
| Espírito (m) Santo | Püha Vaim | [pɵha ʋaim] |
| Salvador (m) | Päästja | [pæ:sⁱtja] |
| Virgem Maria (f) | Jumalaema | [jumalaema] |

| | | |
|---|---|---|
| Diabo (m) | kurat | [kurat] |
| diabólico | kuratlik | [kuratlik] |
| Satanás (m) | saatan | [sa:tan] |
| satânico | saatanlik | [sa:tanlik] |

| | | |
|---|---|---|
| anjo (m) | ingel | [ingelʲ] |
| anjo (m) da guarda | päästeingel | [pæ:sⁱtejngelʲ] |
| angélico | ingellik | [ingelʲik] |

| | | |
|---|---|---|
| apóstolo (m) | apostel | [aposⁱtelʲ] |
| arcanjo (m) | peaingel | [peaingelʲ] |
| anticristo (m) | antikristus | [antikrisⁱtus] |

| | | |
|---|---|---|
| Igreja (f) | kirik | [kirik] |
| Bíblia (f) | piibel | [pi:belʲ] |
| bíblico | piibli- | [pi:bli-] |

| | | |
|---|---|---|
| Velho Testamento (m) | Vana Testament | [ʋana tesⁱtament] |
| Novo Testamento (m) | Uus Testament | [u:s tesⁱtament] |
| Evangelho (m) | Evangeelium | [eʋange:lium] |
| Sagradas Escrituras (f pl) | Pühakiri | [pɵhakiri] |
| Céu (m) | Taevas, Taevariik | [taeʋas, taeʋari:k] |

| | | |
|---|---|---|
| mandamento (m) | käsk | [kæsk] |
| profeta (m) | prohvet | [prohʋet] |
| profecia (f) | ettekuulutus | [etteku:lutus] |

| | | |
|---|---|---|
| Alá | Allah | [alʲæh] |
| Maomé | Muhamed | [muhamet] |
| Corão, Alcorão (m) | Koraan | [kora:n] |

| | | |
|---|---|---|
| mesquita (f) | mošee | [moʃe:] |
| mulá (m) | mulla | [mulʲæ] |
| oração (f) | palve | [palʲʋe] |
| rezar, orar (vi) | palvetama | [palʲʋetama] |

| | | |
|---|---|---|
| peregrinação (f) | palverändamine | [palʲʋerændamine] |
| peregrino (m) | palverändur | [palʲʋerændur] |
| Meca (f) | Meka | [meka] |

| | | |
|---|---|---|
| igreja (f) | kirik | [kirik] |
| templo (m) | pühakoda | [pɵhakoda] |
| catedral (f) | katedraal | [katedra:lʲ] |
| gótico | gooti | [go:ti] |
| sinagoga (f) | sünagoog | [sɵnago:g] |

| | | |
|---|---|---|
| mesquita (f) | mošee | [moʃe:] |
| capela (f) | kabel | [kabelʲ] |
| abadia (f) | abtkond | [abtkont] |
| convento (m) | nunnaklooster | [nunnaklo:sʲter] |
| mosteiro (m) | mungaklooster | [mungaklo:sʲter] |
| sino (m) | kirikukell | [kirikukelʲ] |
| campanário (m) | kellatorn | [kelʲætorn] |
| repicar (vi) | kella lööma | [kelʲæ løː:ma] |
| cruz (f) | rist | [risʲt] |
| cúpula (f) | kuppel | [kuppelʲ] |
| ícone (m) | ikoon | [iko:n] |
| alma (f) | hing | [hing] |
| destino (m) | saatus | [sa:tus] |
| mal (m) | kurjus | [kurjus] |
| bem (m) | headus | [headus] |
| vampiro (m) | vampiir | [ʋampi:r] |
| bruxa (f) | nõid | [nɜit] |
| demónio (m) | deemon | [de:mon] |
| espírito (m) | vaim | [ʋaim] |
| redenção (f) | lunastamine | [lunasʲtamine] |
| redimir (vt) | lunastama | [lunasʲtama] |
| missa (f) | jumalateenistus | [jumalate:nisʲtus] |
| celebrar a missa | teenima | [te:nima] |
| confissão (f) | pihtimus | [pihtimus] |
| confessar-se (vr) | pihtima | [pihtima] |
| santo (m) | püha | [pʉha] |
| sagrado | püha | [pʉha] |
| água (f) benta | püha vesi | [pʉha ʋesi] |
| ritual (m) | kombetalitus | [kombetalitus] |
| ritual | rituaalne | [ritua:lʲne] |
| sacrifício (m) | ohverdamine | [ohʋerdamine] |
| superstição (f) | ebausk | [ebausk] |
| supersticioso | ebausklik | [ebausklik] |
| vida (f) depois da morte | hauatagune elu | [hauatagune elu] |
| vida (f) eterna | igavene elu | [igaʋene elu] |

# TEMAS DIVERSOS

## 198. Várias palavras úteis

| | | |
|---|---|---|
| ajuda (f) | abi | [abi] |
| barreira (f) | tõke | [tɜke] |
| base (f) | baas | [ba:s] |
| categoria (f) | kategooria | [katego:ria] |
| causa (f) | põhjus | [pɜhjus] |
| | | |
| coincidência (f) | kokkulangevus | [kokkulangeʋus] |
| coisa (f) | asi | [asi] |
| começo (m) | algus | [alʲgus] |
| cómodo (ex. poltrona ~a) | mugav | [mugaʋ] |
| comparação (f) | võrdlus | [ʋɜrtlus] |
| | | |
| compensação (f) | kompensatsioon | [kompensatsio:n] |
| crescimento (m) | kasv | [kasʋ] |
| desenvolvimento (m) | areng | [areng] |
| diferença (f) | erinevus | [erineʋus] |
| efeito (m) | efekt | [efekt] |
| | | |
| elemento (m) | element | [element] |
| equilíbrio (m) | bilanss | [bilanss] |
| erro (m) | viga | [ʋiga] |
| esforço (m) | jõupingutus | [jɜupingutus] |
| estilo (m) | stiil | [sʲti:lʲ] |
| | | |
| exemplo (m) | näide | [næjde] |
| facto (m) | tõsiasi | [tɜsiasi] |
| fim (m) | lõpp | [lɜpp] |
| forma (f) | vorm | [ʋorm] |
| | | |
| frequente | sagedane | [sagedane] |
| fundo (ex. ~ verde) | foon | [fo:n] |
| género (tipo) | ala | [ala] |
| grau (m) | aste | [asʲte] |
| ideal (m) | ideaal | [idea:lʲ] |
| | | |
| labirinto (m) | labürint | [labʉrint] |
| modo (m) | viis | [ʋi:s] |
| momento (m) | moment | [moment] |
| objeto (m) | ese | [ese] |
| obstáculo (m) | takistus | [takisʲtus] |
| | | |
| original (m) | originaal | [origina:lʲ] |
| padrão | standardne | [sʲtandardne] |
| padrão (m) | standard | [sʲtandart] |
| paragem (pausa) | seisak | [sejsak] |
| parte (f) | osa | [osa] |

| partícula (f) | osake | [osake] |
| pausa (f) | paus | [paus] |
| posição (f) | positsioon | [positsio:n] |
| princípio (m) | põhimõte | [pɜhimɜte] |

| problema (m) | probleem | [proble:m] |
| processo (m) | protsess | [protsess] |
| progresso (m) | progress | [progress] |
| propriedade (f) | omadus | [omadus] |

| reação (f) | reaktsioon | [reaktsio:n] |
| risco (m) | risk | [risk] |
| ritmo (m) | tempo | [tempo] |
| segredo (m) | saladus | [saladus] |
| série (f) | seeria | [se:ria] |

| sistema (m) | süsteem | [susⁱte:m] |
| situação (f) | situatsioon | [situatsio:n] |
| solução (f) | lahendamine | [lahendamine] |
| tabela (f) | tabel | [tabelʲ] |
| termo (ex. ~ técnico) | mõiste | [mɜisⁱte] |

| tipo (m) | tüüp | [tu:p] |
| urgente | kiire | [ki:re] |
| urgentemente | kiiresti | [ki:resⁱti] |
| utilidade (f) | kasu | [kasu] |

| variante (f) | variant | [ʋariant] |
| variedade (f) | valik | [ʋalik] |
| verdade (f) | tõde | [tɜde] |
| vez (f) | järjekord | [jærjekort] |
| zona (f) | tsoon | [tso:n] |

.

www.ingramcontent.com/pod-product-compliance
Lightning Source LLC
LaVergne TN
LVHW051343080426
835509LV00020BA/3268